チュルク諸語
研究のスコープ

吉村 大樹　編

溪水社

巻頭言

本書は、大阪大学世界言語研究センターによる文部科学省特別教育研究経費「民族紛争の背景に関する地政学的研究―中央アジア、アフリカ、パレスチナ、旧ユーゴの言語・文化の研究―」として、平成19年度から23年度にかけて行った研究成果のうち、中央アジア地域の主要言語であるチュルク諸語に関する研究論文をまとめたものである。研究活動は中央アジア、アフリカ、パレスチナ、旧ユーゴ、複合領域の各班が個別の研究活動を推進しつつ、年に複数回、国際シンポジウムやセミナーを開催することで、地域間の連携も重ねてきた。

中央アジア地域は、現時点では1990年代のタジキスタンでの紛争や、2010年のキルギスでの民族間対立等を乗り越えて、現在安定的発展を目指しているが、隣国アフガニスタンにおけるムスリム急進派の影響の波及や、異なる民族間での表面化しない亀裂など、これらの動態を常に注視することによって、より精確な現状分析を行うことが可能となると確信し、民族紛争の「背景」を解明するべく、主に言語問題を扱う「言語班」と現状分析を中心とする「文化班」の２本柱で研究を進めてきた。言語班は藤家洋昭准教授と本書の編者である吉村大樹特任助教が中心となり、文化班は山根が主に担当した。

その成果として、５年間の間に中央アジア班が開催した研究会は23回におよび、プロジェクト全体で開催した５回の国際シンポジウムでの成果発表や国際イスラーム会議（2010年、京都）でのセッション参加など精力的な研究活動を行った。さらに現地調査も行い、数々の貴重な資料を収集することができた。吉村氏と特任准教授 Juliboy Eltazarov 氏の共著による『ウズベク語文法・会話入門』(2009年、大阪大学出版会）や、エルタザロフ氏の単著である『ソヴィエト後の中央アジア：文化、歴史、言語の諸問題』(2010年、吉村大樹共訳、大阪大学出版会）などの基本文献の刊行は、本プロジェクトの大きな成果の代表として挙げられる。

本書は、このような５年間の成果のうち、特に中央アジア、または中央ユーラシアの諸言語についての論考をまとめたもので、中央アジア班の研究成果の最終報告書としての位置づけを持っている。本書が中央アジアの動態の背景を知る手がかりとして、大きく寄与するものと確信している。

中央アジア地域研究班リーダー
山根　聡

チュルク諸語研究のスコープ

目次

はじめに

2007年10月に大阪外国語大学と統合し、大阪大学が新しく組織されたのと時を同じくして、大阪大学世界言語研究センターにおいて文部科学省特別教育研究経費による『民族紛争の背景に関する地政学的研究』プロジェクトが発足した。この研究プロジェクトでは、民族紛争の言語・文化的背景を研究する新たな分野・領域を開拓するという目的の下、中央アジア、アフリカ、パレスチナ、旧ユーゴスラヴィアの4つの地域を中心に研究を推進してきた。このうち中央アジア地域研究班は、さらに言語研究班と文化研究班に分かれて構成され、筆者を含む言語研究班のメンバーは特に中央アジアの諸言語を様々な角度から研究することを共通の目標としてきた。特に同地域において重要な位置づけを占める現代ウズベク語を中心に据えつつ、この言語と地理的・系統的に深い関係を有するカザフ語やウイグル語、トルコ語などの諸言語も研究対象の射程に入れ、各言語の徹底的な記述・分析を目指してきた。

さて、同地域の理解に当たっては、同地域で使用されている個々の言語のみに散発的に関心を払うだけではその全体像は決して見えてこない。すなわち、言語的観点からこの地域を見るとすれば、地理的な範囲をより広げつつ、西はヨーロッパ大陸から東は極東シベリア地域にわたり、広範囲に分布するチュルク諸語の存在を念頭に入れる必要がある。様々なチュルク諸語のありのままの姿、あるいは中央アジア地域に関連のある諸言語のありようの客観的な記述・研究を総合的に行うことで、個々の言語の実際の姿も、より鮮明に浮かび上がってくるはずである。本書は、このプロジェクトの最終報告として、4年半に及ぶ同プロジェクトの研究の成果を広く世に問う目的で編集されたものである。

編者は同プロジェクトの特任教員として、プロジェクト発足以降様々な研究活動を行う機会を得た。プロジェクト発足以前からお世話になっていた方々はもちろんのこと、このプロジェクトの間にも国内外の多くのチュルク諸語研究に従事する研究者の方々と国内外の様々な場所で交流を深めることができた。加えて、彼らの多くに、同プロジェクトの主催した国際シンポジウムや、随時開催した公開セミナー、また研究会にプロジェクトの研究協力者として参加していただき、言葉では言い表すことのできないほどの多くの有形・無形のご協力を得ることができた。このうち、プロジェクトの共同研究者として名を連ねていただいていた栗林裕氏、大﨑紀子氏、江畑冬生氏、佐藤久美子氏に加え、さらにトルコの大学で研究に従事しておられるアイシェヌール・テキメン氏、アイドゥン・オズベッキ氏、バルシュ・カフラマン氏のお三方に、プロジェクトの目的、また本書の作成の企画の趣旨にご賛同いただいた。果たして、このたび各氏からチュルク諸語研究の最新の成果が反映された論考をお寄せいただいた次第である。本書の完成にあたり、国内外でチュルク諸語研究に従事している研究者のうち、とりわけ若手の研究者が中心となって本書の公刊を企画してきた。この企画に、我々の先輩方にも賛同していただき、論考を寄せていただくというお力添えをいただくことができたというわけである。

執筆者各位の論考から明らかなように、各執筆者の専門とする対象言語はそれぞれに異なるし、各氏の研究対象の言語が複数に及ぶこともある。加えて、研究自体の方法論も多様である。これらの事を踏まえた上で、各論文を通じて、我々が現在のチュルク諸語研究、さらには一般的な意味での言語研究に対してそれぞれどのような貢献をしようとしているのか、またどのように貢献することが可能であるのか、それらの一端でも示すことができたとすれば、編者としてこれ以上の喜びはない。

編者はまだ研究を志す者としての経験も能力も乏しく、本来なら論考を編纂する役目を果たすにはあまりにも力量不足である。編者自身、このことは重々承知した上で、わずかな部分であるとはいえ、プロジェクトの責任の一端を担う者として、ただ各著者の論考をとりまとめさせていただいただけである。読者の皆様には、そのようにご理解いただければ幸いである。

最後に、本書をまとめるにあたり、前述の執筆者各位をはじめとして、多くの方々のご協力をいただいた。特に地政学プロジェクトの同僚、研究協力者各位、そして溪水社の木村逸司氏に、心よりの感謝の意を申し上げたい。

2011年12月

編者　吉村　大樹

チュルク諸語動詞の形態的派生の方向性について*

栗林　裕

キーワード：使役、逆使役、自動詞化、他動詞化、派生

1.　はじめに

トルコ語をはじめとするチュルク諸語は形態的にはいわゆるアルタイ型の言語特徴を有し、語幹にまずボイスの形式が付加され、その後に、テンス、アスペクトやムードに関わる形式が付加され、最後に主語に対して人称と数に関する一致を示す形式が来る。これらの形式のそれぞれの境目は透明で、いくつかの例外はあるものの、形式と意味は一対一の関係にある。本論では、チュルク諸語のボイスに関わる接辞の派生の方向性について、アルタイ諸語のチュルク語南西グループに属し、チュルク諸語の中で最大の話者数を有する言語であるトルコ語と、そのトルコ語のオグズ的特徴を色濃く保持するといわれている古代チュルク語のオルホン碑文にみられる自動詞と他動詞の形態的派生の方向性について検討する。現代トルコ語については中型辞書の全数調査を行い、その結果得られた数値に対して統計的分析を行なう。

本論では、先行研究で主張されてきたように、トルコ語は自動詞から他動詞が派生される場合が優勢であるという結論とは異なり、全数調査の結果より、自動詞から他動詞が派生される場合と同様に、他動詞から自動詞が派生される場合も多いことを主張する。

---

* 本研究は平成23年6月4日に国立民族学博物館において国立国語研究所共同研究プロジェクト「述語構造の意味範疇の普遍性と多様性」の研究会で口頭発表した内容の一部を改訂したものである。質問やコメントを下さった方々、および出版に際して有益なコメントをくださった査読者に感謝いたします。また、本研究は国立国語研究所の共同研究プロジェクトおよび平成21年度～平成23年度　科学研究費補助金（基盤研究(C)　課題番号：21520438　研究代表者：栗林裕　研究課題：トルコ語と日本語の対照研究とその実践的応用）による成果の一部である。

本論で用いられる省略記号は以下の通りである。ACC: 対格, CAUS: 使役, DAT: 与格, PASS: 受身形, PL: 複数, PROG: 進行形, SG: 単数, Vi: 自動詞, Vt: 他動詞。

2. 自動詞化と他動詞化

本章ではトルコ語を代表例として、述語動詞の自動詞化と他動詞化を概観する。(1a–b) は自動詞から他動詞が派生される場合である。

(1) a. Çamaşır-lar kuru-yor. 自動詞文
laundry-PL dry-PROG
'洗濯物が乾いている'

b. Çamaşır-lar-ı kuru-t-uyor. 他動詞文（辞書登録形：*kurut-*）
laundry-PL-ACC dry-CAUS-PROG
'洗濯物を乾かしている'

c. Çocuk-lar-a çamaşır-lar-ı kuru-t-tur-uyor. 生産的使役
child-PL-DAT laundry-PL-ACC dry-CAUS-CAUS-PROG
'子供たちに洗濯物を乾かさせている'

トルコ語の他動詞化の派生パターンは自動詞語幹に *-DIr, -t, -It, -Ir, -Ar, -Art*（大文字は音交替を示す）を付加することにより形成される。使役動詞の付加された形式はしばしば語彙化して、そのまま他動詞形として辞書に登録されている場合もある（pseudo-causative; Lewis 1990: 152）。このような、いわゆる他動詞化は直接・操作的使役ともいわれる（Shibatani & Pardeshi 2002）。この立場では、間接・指示的使役との違いは、被使役者が表出できるか否かという点が目安となり、(1c) は *Çocuk-lar-a*（被使役者）が表出されるので接辞 *-tur-* は間接・指示的使役接辞ということになる。(2a–b) は他動詞から自動詞が派生される場合である。

(2) a. Çocuk-lar-ı yıkı-yor. 他動詞文
child-PL-ACC wash-PROG
'（誰かが）子供たちを洗っている'

b. Çocuk-lar yıkan-ıyor. 自動詞文（辞書登録形：yıkan-）
child-PL wash-PROG
'子供たちが（自分を）洗っている'

c. Çocuk-lar (birisi tarafından) yıka-n-ıyor. 受動文
laundry-PL someone by wash-PASS-PROG
‘子供たちが（だれかに）洗われている’

自動詞化の派生パターンは他動詞語幹に *-Il, -(I)n, -(I)ş* などの受動態形態素、再帰態形態素や相互態形態素を付加して自動詞化する。他動詞化の場合と同様にすでに語彙化して、辞書にそのまま登録されている場合もある（pseudo-passive; Lewis 1990: 152）。当該の形態が自動詞化の接辞か受身化などのボイスを示す接辞かの判断は、形の上から判断できないので、文脈を参照する必要がある。行為者が表出できる場合は受動化接辞であるが、自動詞の場合は行為者が語彙レベルで抑制され、表出することができない。例えば、(2b) では子供たち以外が行為者である読みはないので、自動詞化であるといえる。一方、(2c) は行為者を表出可能なので受動化接辞ということになる。

本論では、上記のような基準で他動詞化（直接・操作的使役）と使役化（間接・指示的使役）および自動詞化と受動化を区別するが、*tut-* ‘取る’ と *tut-uş-* ‘取り合う、火がつく’ の対（ペアー）にみられるように語彙化した場合にイディオム的な意味を持つことがある。この例では、*tut-* に相互態接辞が付加されているが、同時にイディオム化した「火がつく」との意味も持つ。このように、自動詞か他動詞かの認定や、どれを対にするかということの判断は容易ではない。

3. 自他動詞の形態的派生の方向性

本章では、先行研究を概観した後、トルコ語中型辞典の全数調査の結果を提示する。

3.1. Haspelmath (1993) による調査

言語類型論的な観点からの自他動詞の派生の方向性について論じた先駆的研究の一つが Haspelmath（1993）によるものである。そこでは、調査対象言語のひとつとしてトルコ語も含まれている。本論では、Haspelmath による以下の派生形態の分類に従う（以下のトルコ語の対応例は筆者による）。

C（causative）　；使役交替形　自動詞が基本形で、他動詞を使役接辞で派生（例；*öl-* 死ぬ　*öl-dür-* 殺す）
A（anticausative）；逆使役交替形　他動詞が基本形で、接辞を付加することで自動詞を派生（例；*soy-* はぐ　*soy-ul-* はげる）
E（equipollent）；両極形　同じ語幹から異なる接辞を用いて他動詞と自動詞を派生（例；*uza-n-* 伏す　*uza-t-* 伏せる）
S（suppletive）；補充形　異なる語根（例；*gir-* 入る　*sok-* 入れる）
L（labile）　；同一形　自動詞も他動詞も同じ形（例；*as-* 超える　*as-* 越す）
A／C　；A を C で割った比率
%non-dir.　；非派生型（E, S, L の合計）のパーセント表示

Haspelmath（1993）は表 1 のようなトルコ語の調査結果を提示しており、A/C の割合から使役交替形が優勢であることがわかる（A/C 0.51)。なお、30種類の動詞の抽出基準は辞書にみいだすことの出来る基本的な意味の動詞である。

表 1

total	A	C	E	L	S	A／C	% non-dir.
30	9	17.5	2.5	0	1	0.51	12

（Haspelmath 1993: 101）

3.2.　Jacobsen (1990) 改訂日本語動詞表に基づく調査（トルコ語動詞）

栗林（2010a, b）では、Jacobsen（1990）に基づく日本語動詞のリストを改訂した353個の動詞リストに基づき、それに対応するトルコ語動詞の抽出を行った。使役交替形と逆使役交替形の割合である A/C の数値（A/C 0.52）からわかるように、Haspelmath（1993）によるトルコ語の調査とほぼ一致している（A/C 0.51)。なお、表 2 の数値は表 1 の数値と同様にペアーの数を示す。

表 2

total	A	C	E	L	S	A／C	% non-dir.
353	106	201	30	2	14	0.52	13

3.3. 古代チュルク語の自他動詞の形態的派生の方向性

現代語のみの比較だけでなく、通時的な観点を取り入れる目的で、チュルク諸語において現存する最古の書き言葉であるオルホン碑文に記された言語の語彙集（Ergin 1988）より動詞の抽出を行った。オルホン–トルコ語といわれるこの碑文言語は古代トルコ語のひとつと分類でき、モンゴル高原のオルホン渓谷で十九世紀に発見され、解読されたルーン文字系の突厥文字により刻まれた石碑である。八世紀前半に建立され、突厥碑文として知られている(Ergin 1988, Tekin 2010)。古代トルコ語のボイス接辞はErdal（2004）によると、*-(X)l-, -tXl-, -tUrXl-* を受動態、*-(X)n-, -lXn-* まれに *-(X)d-, -(X)k-* を再帰態、逆使役態あるいは中動態とし、*-Ur-, -Ar-, -gUr-, -tUr-, -Xz-, -(X)t-* を基体が自動詞なら他動詞化、基体が他動詞なら使役態としてあげている。

Kuribayashi（2011）では、おもに逆使役交替形と使役交替形の比率に着目して抽出したが、今回改めて精査し、再抽出したことによる改訂数値を問題点と共に提示する。なお、表3の数値は語彙集にみられる対をなす動詞の全数であり、表1や表2のようなペアーの数ではない。また、すべての動詞を含めた全数は203であった。

表3

total	A	C	E	L	S	A／C	% non-dir.
82	14	62	6	0	0	0.225	2.9

A; 7ペアー,　C; 31ペアー,　E; 3ペアー

碑文言語資料であるという性質上、得られる語彙数は限られているため、現代語のようにあるべき形をすぐに求めることができない。例えば、ある動詞形には否定形はみられるが、対応する肯定形がみられないなどのギャップが存在する。また、他の語形からの類推により明らかに対応する他動詞あるいは自動詞が推定できるが、資料中にみいだされない場合もある。さらに、今回の抽出で一番問題になったのが、該当する形態が他動詞形（直接・操作的使役）なのか使役形（間接・指示的使役）なのかの区別の判断である。第二章で述べたように、現代語では適用可能な被使役者が表出できるか否かを基準として判断することができるが、限られた語彙と文例しかない文献言語に

おいては困難である。また、Ergin（1986）の語彙集では、それぞれの語彙に対応する意味を現代トルコ語で表示しており、該当する動詞が自動詞のみの意味しか持たないのか、他動詞の意味を持つこともあるのかが曖昧な場合があり、必ずしも他動性について正確である保証がない。従って、本論では必要に応じて Tekin（2010）の語彙集や該当する原文の文脈も参考にした。以上のような制約のある中、オルホン碑文にみられるトルコ語という限定された状況ではあるが、一つの基準を設定する意味はあると思われる。抽出の基準として、本論では以下のような基準を設けた。

1. 語彙集に出現する形のみを抽出対象として、再構形は含めない。
2. 異形態と考えられるものは一種類にする。
   例；*ertür-, irtür-* '達成させる、させる'
3. 接辞の形式が異なれば別個の動詞と扱う。
   例；*yaratıd-, yaratur-* 'させる'
4. 自動詞–他動詞–使役形のパラダイムが成立する場合、同じ動詞を複数回カウントする場合がある。
   例；自動詞形 *tutun-* '掴まる', 他動詞形 *tut-* '掴む', 使役形 *tutuz-* '掴ませる' において、他動詞から自動詞の派生を二種類、自動詞と使役形にみられる派生を *tut-* を共通語幹とする両極形として二種類とカウントした。

次に、古代トルコ語にみられる典型的な派生のタイプを記す。

(3)	A の例；it-	整理する	it-in-	整理される
	C の例；olur-	座る	olur-t-	座らせる
	E の例；kubra-t-	集める	kubra-n-	集まる

表 3 からわかるように、古代トルコ語（オルホン碑文）にみられる派生の方向性は、現代トルコ語よりも使役交替形の派生がさらに優勢であるといえる。両極形の数が少なく、また補充形や同一形がほとんどみられないことから、非派生形の比率が 3 %弱と非常に低い数値になっているが、実際には対

（ペアー）が資料中にみいだされない動詞の種類が非常に多いからである。つまり、抽出した動詞は碑文テクストに出現する動詞に限るという資料の特異性による理由が大きい。ところで、主要なチュルク諸語についてHaspelmath（1993）の動詞について調査を行った大崎（2010）によると、全体的に使役交替形が優勢であるが、キルギス語のみがA/C比率が0.86（31例抽出）で逆使役交替形の割合が大きくなり、また独自抽出調査による結果では1.00（158例抽出）との報告がある。

3.4. Nichols et al. (2004) による調査

Haspelmath（1993）による派生の方向性に関する類型論的研究後の代表的な先行研究であるNichols et al.（2004）では、さらに詳細で大規模な調査が行われた。Nichols達の調査の特徴の一つは調査対象動詞を有生動詞（笑う、死ぬ、座る、食べる、学ぶ、見る、～になる、怒る、恐れる、隠れる）と無生動詞（沸く、焼く、壊れる、開く、乾く、真っすぐになる、掛かる、ひっくり返る、落ちる）に分類して集計した点にある。有生動詞と無生動詞では、派生の方向性が異なる場合もあり、動詞にみられる有生性は形態的派生の方向性を決める重要な要素になりうると言える。アルタイ諸語の中のチュルク語、ツングース語、モンゴル語より得られたNichols et al.（2004）による調査結果を次に記す。なお、集計結果の略記号は以下の意味で用いられている；Ablaut: 音変異による派生　Adj.: 形容詞　Amb.: 形式的な派生を持たないもの　Augment: 形態付加による派生　Aux: 助動詞を用いる派生　Conj.: 活用のクラスを変えることによる派生　Detrans: 脱他動詞形の派生　Double: 両極形の派生　Neut.: 中立的な派生　n.d.: 派生の方向性がみられない　Reduce: 形態素を減じることによる派生　Suppletion: 補充形による派生　Trans: 他動詞形の派生。

以下は、有生動詞に関しての集計結果である。

ウイグル語

Augment 6　Suppletion 2　High: Augm　Type: Trans

ナーナイ語

Augment 7　Suppletion 2　High: Augm　Type: Trans

モンゴル語

Augment 5.5 Double 0.5 Aux 1 Suppletion 1 n.d. 1 High: Aux Type: Neut

まず、有生動詞に関しての集計結果をみると、チュルク語の代表言語として調査されたウイグル語の全体的なタイプは典型的な「他動詞派生形」の言語で、形態素付加による派生が優勢であることがわかる。

以下は、無生動詞に関しての集計結果である。

ウイグル語

Augment 3　Reduce 3　Double 1　n.d. 1　High: Reduce　Type: Detrans

ナーナイ語

Augment 2.5 Reduce 2.5 Double 1 Ablaut 1.5 n.d. 1 High: none Type: none

モンゴル語

Augment 5　Reduce 2　Ablaut 1　n.d. 1　High: Augm　Type: Trans

ウイグル語の例をみてみると、形態付加による派生の数が減じ、形態素を減じることによる派生が増加し、全体的な派生のタイプは「脱他動詞派生形」となり、有生動詞の場合の集計結果とはタイプが異なることがわかる。また、ナーナイ語やモンゴル語でも有生動詞と無生動詞では全体的なタイプが異なり、有生性が重要な要因になっていることがわかる。

3.5. トルコ語における抽出結果

Nichols et al.（2004）では、チュルク語の代表言語としてウイグル語についてのみ調査を行っており、トルコ語の調査は行われていない。本論では、これを補う目的で、現代トルコ語の状況を知るために Nichols の抽出法を踏襲して、集計を行った（抽出例については末尾の Appendix 参照）。

集計結果は以下のようになった。

トルコ語有生動詞

Augment 7　Reduce 1　Double 0　Suppletion 1　High: Augm　Type: Trans

表 4

	Aug	Red	Dou	Amb	Conj	Aux.	Adj.	Abla	Sup	n.d	High	Type
有生												
1–9	7	1	0	0	0	0	0	0	1	0	Aug	Trans
無生												
10–18	5	2	1	0	0	0	0	0	0	1	Aug	Trans

トルコ語無生動詞

Augment 5　Reduce 2　Double 1　n.d. 1　High: Augm　Type: Trans

トルコ語では、有生（主語）動詞か無生（主語）動詞かによる大きな差はみられず、両方とも接辞付加による派生が優勢で、全体的なタイプは他動詞形の派生タイプであることがわかる。この点から、ウイグル語の調査結果と比較してみると、無生（主語）動詞において派生のあり方が異なることがわかる。トルコ語は一貫して他動詞派生形であるのに対し、ウイグル語は無生（主語）動詞においてのみ脱他動詞派生形になる点が同じチュルク諸語に属する言語でありながら異なると言える。

本章で検討してきた自他動詞の形態的派生の方向性について、先行研究の概要と、Nichols et al.（2004）の抽出法を踏襲した新たな集計をまとめると以下のようになる。

1. トルコ語は派生の方向性を持つ言語であり、古代トルコ語では使役交替形が優勢で（A/C 0.225）、トルコ語に移行するにつれ割合は減じたが、使役交替形がなお優勢である（A/C 0.52）。
2. 有生主語動詞か無生主語動詞で派生の方向性に大差ない（cf. 表 4）。
3. チュルク語の間では有生主語動詞か無生主語動詞かで、派生の方向性に差がある場合が認められる（cf. 3.4. 及び3.5. のトルコ語とウイグル語との対比）。

3.6.　竹内 (1990) に基づく全数調査（暫定版）

Haspelmath の調査も Nichols らによる調査も、抽出調査であり、調査結果が果たして言語全体の状況を表しているかどうか疑問が残る。そこで、トルコ語–日本語の中型辞典である竹内和夫著（1990）『トルコ語辞典　ポケット判』 大学書林刊に出現する全動詞について調査を行った。この中型辞書は全437頁で見出し語は約16,000語である。動詞の抽出に当たってはトルコ語母語話者のSeval Dirik氏による協力を得た（抽出リストは今後、国立国語研究所のWebsiteより一般公開される予定である）。

抽出対象になる辞書中の動詞の総語数は2,204語であった。動詞の見出しには自動詞と他動詞の区別がないため、次のような基準に基づき分類を行った。例えば、次のような動詞のパラダイムがあるとする。

anla-　‘わかる、理解する、気がつく’
anlat-　‘説明する、わからせる、説得する’
anlaş-　‘理解しあう、意見が一致する’

抽出基準として「動詞一個につきカウント回数は一回の原則」を守る。今回の全数調査では、日本語の対応する意味よりも被使役者をとることができるかどうかという使役化の機能上の対立を優先させるため *anla-* (Vi) と *anla-t-* (Vt) を「対（ペアー）」として認定せず、*anla-* (Vt) と *anla-ş-* (Vi) が「対」を成し、*anla-t-* (Vt) は「対」を成さない使役他動詞（間接・指示的使役）とする。この意味において3.2. で概観したJacobsen（1990）改訂日本語動詞表に基づく調査（トルコ語動詞）の日本語の意味との対応に基づく自他の認定基準とは本質的に異なることに注意したい。使役化の機能上の対立を優先させる認定基準に基づくと全数調査より、2,204個の動詞のうち、対応する自動詞の存在しない無対他動詞は349個あり、対応する他動詞の存在しない無対自動詞は583個あることが確認できた。また、対応する自動詞の存在する有対他動詞は392個あり、対応する他動詞の存在する有対自動詞は404個あることが確認できた。全体の調査結果は以下の通りである。なお、表の数値は全数調査であり、ペアー数ではない。また、参考のため表6で自他の対を成さない動詞群の数値を提示し、表7では辞書に見いだされた動詞群全体の数値を提示した。

表 5　自他の対をなす動詞群

total	A	C	E	L	S	A／C	% non-dir.
852	404	392	30	22	4	1.03	6.5

表 6　自他の対をなさない動詞群

total	Vi	Vt	E	L	S	A／C	% non-dir.
1,352	583	349	—	—	—	—	—

表 7　動詞群全体

total	Vi	Vt	E	L	S	A／C	% non-dir.
2,204	987	741	30	22	4	—	—

4.　統計的分析

前章では、Haspelmath や Jacobsen 改訂動詞リストや Nichols らの動詞抽出基準による部分的な抽出サンプルにより、古代トルコ語や現代トルコ語の全体像を探求した。また竹内（1990）の辞書を用いることにより、動詞の全数調査も行った。本章では、オルホン碑文にみられる古代トルコ語の語彙集の抽出結果を古代トルコ語の代表例とし、Jacobsen 改訂動詞リストでは、比較的まとまった数の動詞抽出ができたのと、Haspelmath（1993）による調査と類似の結果が出たので、これを代表例の一つとし、最後に竹内（1990）の辞書による全数調査を合わせて、現代トルコ語の動詞抽出例として比較し、統計的分析を行った。それぞれの動詞群について、古代トルコ語コーパス、Jacobsen トルコ語コーパス、そして竹内トルコ語コーパスと称することにする。それぞれのコーパスの全体数は異なるため、これら三者の派生の方向性を決める数値の比較のためにはカイ二乗分析によりそれぞれの比率に基づく比較を行うのが適切であると考えた。IBM 社の統計分析ソフトウェア SPSS Statistics 19を使用し、カイ二乗分析とともに残差分析を行った結果を以下の表に提示する。

4.1. 残差分析

表 8　派生のタイプ と コーパスの種類 のクロス表

			コーパスの種類			合計
			Old Turkic	Jacobsen	Takeuçi	
派生のタイプ	逆使役形	度数	14	106	404	524
		期待度数	33.4	143.7	346.9	524.0
		調整済み残差	−4.5	−4.8	6.8	
	使役形	度数	62	201	392	655
		期待度数	41.7	179.7	433.6	655.0
		調整済み残差	4.6	2.7	−4.9	
	その他	度数	6	46	56	108
		期待度数	6.9	29.6	71.5	108.0
		調整済み残差	−.4	3.7	−3.3	
合計		度数	82	353	852	1287
		期待度数	82.0	353.0	852.0	1287.0

本分析では、対応する対を持つ有対自他動詞のみを調査対象としている。残差分析により、観測度数と期待度数の間に有意差がみられた場合の詳細な分析を行うことが可能になるが、その際の基準は以下のように決めている。

残差分析：±1.96　.05水準で有意差ありとする。
　　　　　±2.58　.01水準で有意差ありとする。

残差分析の結果より、古代トルコ語の逆使役交替形（−4.5＜−2.58）と Jacobsen トルコ語コーパスの逆使役交替形（−4.8＜−2.58）と竹内コーパスの使役交替形（−4.9＜−2.58）は有意に少ないといえる（表 8 の色付き部分）。また、古代トルコ語の使役交替形（4.6＞2.58）と Jacobsen トルコ語コーパスの使役交替形（2.7＞2.58）と竹内コーパスの逆使役交替形（6.8＞2.58）は有意に多いといえる（表 8 の色付き部分）。

結果として Jacobsen トルコ語コーパスの逆使役交替形は 1 %水準で有意に少なく、使役交替形は 1 %水準で有意に多いといえる。一方、竹内トルコ語コーパスでは逆使役交替形が 1 %水準で有意に多く、使役交替形は 1 %水準で有意に少ない。古代トルコ語コーパスでは逆使役交替形が1％水準で有意に少なく、使役交替形が1％水準で有意に多いということになる。現代トルコ語の派生の方向性は竹内コーパスを検討することにより、3.1. のHaspelmath（1993）や3.2. のJacobsenコーパスより得られた使役交替形が優勢であるとの結論を再検討する必要があるとの結論になった。

4.2. Anti-Causative (A) か Causative (C) 型かの傾向

ここまでの分析では、逆使役交替形か使役交替形かの派生の方向性をみるために、A/C の割合という実数値に基づいた分析を行ってきた。この割合についても、統計的な分析を施し、自由度1のカイ二乗分析を実施したものが以下の表である。参考のため Haspelmath と Nichols についても分析数値を出した。

表9　派生の方向性

コーパスの種類	A vs. C	A-S の総数	χ2検定（変数１）
古代トルコ語	14, 62	82	χ2＝30.316 df＝1 p＜.000
Jacobsen	106, 201	353	χ2＝29.397 df＝1 p＜.000
竹内	404, 392	852	χ2＝.181 df＝1 n.s.
Haspelmath	18, 35	60	χ2＝5.453 df＝1 n.s.
Nichols	4, 24	36	χ2＝14.286 df＝1 p＜.000

結果として、古代トルコ語コーパス（χ2＝30.316）と Jacobsen トルコ語コーパス（χ2＝29.397）では使役交替形が有意に多い（１％水準）。これに対して、竹内トルコ語コーパスでは両タイプ間に有意差がみられなかった。

5. 全体のまとめ

本論で得られた主張は次のようにまとめることが出来る。

1. 従来、トルコ語は自動詞が基本で、そこから他動詞が派生される場合が多いと考えられていた。しかし、他動詞が基本で、自動詞がそこから派生される場合もあり、両方のタイプが共存している。他動詞と自動詞が同じ形であるものはほとんどない。今回の一辞書の全数調査では、従来の結論とは異なり自動詞から他動詞が派生される方が常に優勢ではないことを示している（cf. 表 8 竹内トルコ語コーパス）。

2. 古代チュルク語（オルホン碑文）は自動詞が基本で、そこから他動詞が派生される傾向がある。また、チュルク語間でも、動詞のとる主語名詞の有生性により派生の方向性の傾向にばらつきがみられる（cf. 3.4.）。つまり、類型論的観点から現代トルコ語がチュルク語を代表しているかはさらに検討の余地がある。
3. Jacobsen トルコ語コーパスで用いられた特定の言語の動詞リストに基づく語彙抽出方法には、質的な偏りがでる可能性がある（cf. 表 8 ）。

全体的な問題点として、他動詞をどのように定義していくか、派生の方向性をどのように定義するかが問題となろう。本論では、トルコ語の辞書の全数調査と日本語動詞の語彙表に基づく調査では本質的に他動詞の定義が異なる。今回の調査結果の差はそれによるところが大きい可能性があるので今回のトルコ語の辞書の全数調査は暫定版とした。この点についてのさらなる検討は今後の課題としたい。

Appendix. Nichols et al. (2004) のリストによるトルコ語の例

pair	plain	induced	plain	induced
1	laugh	make laugh	gül	güldür
2	die	kill	öl	öldür
3	sit	seat	otur	oturt
4	eat	feed	ye	yedir
5	learn, know	teach	öğren	öğret
6	see	show	gör	göster
7	be/become angry	make angry	kız	kızdır
8	fear, be afraid	scare	ürk	ürküt
9	hid, go into hiding	hide	gizlen	gizle
10	boil	boil	kayna	kaynat
11	burn, catch fire	burn, set fire	yan	yak
12	break	break	kop	kopar

13	open	open	açıl	aç
14	dry	make dry	kuru	kurut
15	be/become straight	straighten	doğrul	doğrult
16	hang	hang	asıl	as
17	turn over	turn over	çevir	—
18	fall	drop	düş	düşür

参照文献

Erdal, M. (2004) *A Grammar of Old Turkic*. Leiden: Brill.

Ergin, M. (1988) *Orhun Abideleri* (*12. Baskı*). İstanbul: Boğaziçi Yayınları.

Haspelmath, M. (1993) More on the typology of inchoative / causative verb alternations. In Comrie, B. and M. Polinsky (eds.) *Causatives and transitivity*, pp. 87–120. Amsterdom: John Benjamins Publishing.

Jacobsen, W. (1990) *The Transitive Structure of Events in Japanese*. Tokyo: Kurosio Publishers.

栗林裕（2010a）「トルコ語の自動詞と他動詞」西光義弘・パルデシ プラシャント（編）シリーズ言語対照『自動詞・他動詞の対照』69–90. 東京：くろしお出版.

栗林裕（2010b）『チュルク語南西グループの構造と記述—トルコ語の語形成と周辺地域の言語接触—』東京：くろしお出版.

Kuribayashi, Y. (2011) Turkological studies in Japan—Past and Present—. *Orhon Yazıtlarının Bulunuşundan 120 Yıl Sonra Türklük Bilimi ve 21. Yüzyıl konulu 3. Uluslararası Türkiyat Araştırmaları Sempozyumu*, pp. 523–530. Ankara: Türk Dil Kurumu.

Lewis, G. L. (1991) *Turkish Grammar*. Oxford: Oxford University Press.

Nichols J., David A. P. & J. Barnes (2004) Transitivizing and detransitivizing languages. *Linguistic Typology* 8–2, pp. 149–211.

大崎紀子（2010）「動詞の自他：チュルク語の場合」四科研合同研究会『アジア言語の研究—最新の報告—』口頭発表レジュメ. 京都大学羽田記念館.

Shibatani, M. and P. Pardeshi (2002) The causative continuum. In: Shibatani, M. (ed.) *The Grammar of Causation and Interpersonal Manipulation*, pp. 85–126. Amsterdom: John Benjamins Publishing.

竹内和夫 (1990)『トルコ語辞典　ポケット判』東京：大学書林.

Tekin, T. (2010) *Orhon Yazıtları (4. Baskı)*. Ankara: Türk Dil Kurumu.

チュルク語動詞受動形の受動以外の用法について

—キルギス語類義語動詞の意味用法の比較から—

大﨑　紀子

キーワード：受動、反使役、自動詞、類義語、集団的行為

1.　はじめに

多くの言語で受動標示（passive marker）は、再帰、相互、反使役など、受動以外の意味用法を持ち、多義性を備えていることがある（cf. Haspelmath 1990: 32）。チュルク語の受動標示は、ヤクート語を除く[1]ほとんどすべてのチュルク語において動詞語幹に *-(I)l-* という接尾辞が添加される形式をとるが、他の多くの言語と同様、典型的な受動以外の用法を持っている。本稿では、チュルク語の北西—中央グループに属するキルギス語を中心に、動詞に接続する受動接尾辞が受動以外の用法に用いられる場合について考察を行う。

動詞の意味用法の違いの認定は、必ずしも容易な作業ではないが、本稿では、キルギス語の類義語動詞の組み合わせをいくつか取り上げ、類義語動詞間の意味用法の違いを観察することによって、動詞受動形が受動以外の用法に用いられる場合を検討する。まずは、第 2 節で受動およびそれ以外の用法の定義を確認し、更に第 3 節で受動形の用法を認定する手段として類義語動詞間の比較がどのような意義を持つのかを述べた上で、第 4 節以降、受動形の受動以外の用法についての具体的な考察に入りたい。

2.　動詞受動形の受動用法とそれ以外の用法

本稿では、動詞語幹に受動接尾辞 *-(I)l-* が接続した形式を「動詞受動形」と呼ぶ（e.g. *ač-*「開ける」＞*ač-ïl-*、*čeč-*「解く」＞*čeč-il-*、*boyo-*「染める」＞*boyo-l-*）。この接尾辞は動詞語幹に l を含む場合は *-(I)n-* に交替する（e.g. *böl-*「分ける」＞*böl-ün-*、*alda-*「騙す」＞*alda-n-*）[2]。キルギス語はじめチュルク語は、受動接尾辞

---

[1] ヤクート語では、受動接尾辞は *-n* と *-lyn*/*-ylyn* という形式をとる（Yuldašev 1998: 303）。

[2] チュルク語の受動接尾辞 *-(I)l-* が *-(I)n-* に交替する条件は、言語によって異なる。例えば

とは別に再帰接尾辞 *-(I)n-* を持つが、受動接尾辞 *-(I)l-* が *-(I)n-* に交替する場合は、動詞受動形と動詞再帰形は同形となり、形態上区別がつかなくなる。

本稿では、キルギス語の動詞受動形が典型的な受動以外の用法に用いられる場合として、反使役用法、結果用法、再帰用法、そして「集合的な主体によって特徴付けられる行為」を表す用法という四つの用法を取り上げる。まずは、それぞれの用法の特徴を確認しておこう。

動詞受動形が受動（passive）の用法に用いられていると認められるのは、次の二つの要件を備えたときである：

i) もとの他動詞の意味上の目的語（動作の対象）が統語上の主語になること。

ii) 意味上の主語（動作の主体）は統語上の主語や目的語としては現れないが、統語的に表示することができる、あるいは少なくとも動作主体の存在が含意されること。

上記 i) は、受動の用法の最も基本的な要件である。そして ii) の要件は、反使役（anticausative）と呼ばれる用法と受動の用法を区別するために要求されるものである。反使役の例として、Haspelmath（1987: 2）が挙げているのは、次のようなトルコ語の例である。

(1) a. *Annem* *kapı-yi* *aç-tı.*
mother:my door-ACC open-PAST-Ø(3)
"My mother opened the door."

b. *Kapı* *aç-ıl-dı.*
door open-ANTIC-PAST-Ø(3)
"The door opened."

反使役では、(1b) のように、もとの他動詞の目的語（動作の対象）が統語上の主語となる。この点では受動と同じだが、受動と区別されるのは、受動では動作主体が統語上の主語や目的語としては現れないが、統語的に表示することができる、あるいは少なくともその存在が含意されるのに対して、反

トルコ語では、語幹が l で終わる場合及び語幹が母音で終わる場合に、受動接尾辞 *-(I)l-* は *-(I)n-* に交替する（e.g. *kara-*「閉める」＞*kara-n-*）。

使役ではそのような含意がない、という点である。この反使役は、中動(middle)、中受動（mediopassive）などの用語で呼ばれることも多い[3]。

動詞受動形の用法として、受動や反使役と区別されるものに結果(resultative）がある。結果（resultative）は、かつてはテンス・アスペクトに関わる完了（perfect）の一つとされていたが、Nedjalkov and Jaxontov（1988）以来、完了とは区別されるべき独立した文法カテゴリーと考えられている(cf. De Haan 2011)。この結果用法では、もとの他動詞の目的語（動作対象）が統語上の主語になる点では、受動や反使役と等しく、また、意味上の動作主体が統語上に現れないという点で、反使役と共通する。しかし、結果用法が反使役と区別されるのは、反使役が自然発生的な過程による状態変化を表すのに対して、結果用法は先行する動作や行為を前提として、その結果状態を表すという点である。言い換えれば、反使役では、状態変化を引き起こす主体と変化する主体（対象）とを同一の主体と見なすことにより、自発的あるいは自然発生的な状態変化が表され、別の動作主体の存在は含意されない。これに対して、結果用法では、統語上の主語になるのは動作対象であって、統語上には現れないものの動作主体が別個に存在することが含意される。後述するように、自然発生的な事態を表す「形態論的に単純な自動詞」と、別の動作主体の存在を含意する結果用法の「動詞受動形」とが、近似した意味を表しながらも相互に補い合う関係で共存する場合が見られるなど、キルギス語の動詞受動形の用法を考察するうえで反使役と結果用法の区別は重要な意味をもつ[4]。

上記の受動、反使役、結果用法、いずれの用法においても、動詞受動形の統語上の主語は動作の対象であり、意志的な動作の主体ではないが、動詞受

---

[3] 反使役という用語の定義や背景についてはHaspelmath（1987）に詳しい。

[4] 影山（1998: 184）では、日本語における他動詞からの自動詞化について、例えば、日本語で「ポスターが破れた」という場合は「破る」という動作の主体の存在を前提とせず、変化主体自体の性質によって自然発生的に状態変化が生じたことを表すのに対して、「木が植わる、絵が掛かる」の場合は「植える、掛ける」という動作の主体の存在を背景とするという、二種類の自動詞化があることを指摘し、前者を反使役（anticausative)、後者を脱使役（decausative）と呼んで区別した。“decausative”という用語は“anticausative”の意味そのものを表すのに用いられる場合があるなど（Haspelmath 1987: 11)、用語に混乱をきたす恐れがあるため、ここではより通言語的に適用可能な用語として、Haspelmath（1987, 1990）に従うことにする。

動形の主語が意志的な動作の主体である場合もある。これには、再帰(reflexive) 用法と認められる場合と、集合的な主体によって特徴付けられる行為の場合がある。

再帰用法は、主語名詞の表す主体が動作主体であると同時に動作の対象あるいは動作の着点である場合をいう。しかし、先に述べたように、キルギス語はじめチュルク語には、受動接尾辞とは別に再帰接尾辞があり、動詞再帰形があるにも関わらず動詞受動形が再帰の用法を持つことについては、これまでに指摘はあるものの（例えば Johanson 1998: 55)、詳細には論じられていない。

そして、動詞受動形が関わる「集合的な主体によって特徴付けられる行為」については、管見の限りでは従前の指摘は無いと思うが、「集まる」「加わる」など動作主体の意志的な行為が、キルギス語はじめ多くのチュルク語において動詞受動形によって表される。

次節で類義語動詞の形態論的特徴とその用法比較について述べた後、第 4 節で反使役を、第 5 節で結果用法、第 6 節で集合的な主体によって特徴付けられる行為の用法について、第 7 節で再帰用法について、順に考察していく。

3.　類義語動詞と形態論的特徴

キルギス語の動詞を、直接目的語を取れるかどうかという統語的特徴によって他動詞と自動詞に分けるとすると、自動詞は、その形態論的特徴に基づいて以下の四つの種類に分類することができる：

a.　形態論的に単純な自動詞

b.　他動詞から受動接尾辞 *-(I)l-* の接続によって派生した自動詞

c.　他動詞から再帰接尾辞 *-(I)n-* の接続によって派生した自動詞

d.　他動詞もしくは自動詞から相互接尾辞 *-(I)š-* の接続によって派生した自動詞

例えば、キルギス語で「分離」の意味を表す自動詞には、形態論的に種類の異なる以下のような動詞がある。

(2)　a.　*ajïra-*：「離れる、分かれる」

　　b.　*ayrï-l-*：*ayrï-/ayïr-*「二分する、引き裂く、引き離す」の受動形

c. *böl-ün-* *böl-*「分ける、分割する」の再帰・受動形[5]

d. *aǰïra-š-, ayrï-š-, böl-üš-*：それぞれ *aǰïra-, ayrï-, böl-* の相互形

それぞれの動詞は、さらに接尾辞を重ねて語幹を拡張することができる。(2a) の *aǰïra-* を例に取ると、使役接尾辞 *-t-* を接続して他動詞 *aǰïrat-*「離す、離れさせる」を形成し、さらに受動接尾辞を接続して *aǰïratïl-*「離される、離れさせられる」という自動詞が形成される。しかし、このような語幹の拡張を経ても、キルギス語の自動詞は、形態論的な観点から上の四種に集約して捉えることができる[6]。

このうち、(2d) のような動詞相互形は主に、「互いに〜し合う」という相互（reciprocal）の用法と、「皆で〜する」という集団（collective）の用法に用いられ、下の (3a) のように、直接目的語を取らない自動詞として用いられる場合もあるが、(3b) のように直接目的語を伴う他動詞として用いられる場合も多くあり、相互接尾辞 *-(I)š-* が付いているからといって常に自動詞だというわけではない。

(3) a. *Eki* *adam* *ur-uš-tu.*

2 男 殴る-RECIP-PAST-Ø(3)

「二人の男が殴り合った」

b. *Eköö-büz* *pikir* *böl-üš-tü-k.*

2-1PL:POSS 意見 分ける-RECIP-PAST-1PL

「私達二人は意見を交わし合った」

(2) に挙げたような類義語動詞は、意味が似通ってはいても、少しずつ異なりがあり、互いに補完し合う関係にある。特に、(2a) のような形態論的に単純な自動詞と (2b) のような他動詞からの派生自動詞とが、似通った意味

---

5 *böl-* の受動形と再帰形は同形である（本文第 2 節参照）。

6 本稿でいう「形態論的に単純な自動詞」の中には、例えば *ǰakïnda-*「近づく」のように、*ǰakïn+da*（「近い」＋動詞形成接尾辞 *-la/-da/-ta*）と、更に形態論的に分析が可能なものも含まれる。しかし、名詞や形容詞などから動詞を形成する語彙的な接尾辞と、(2b–d) に見られるような、態（voice）に関わる動詞派生接尾辞とを区別し、「より形態論的に単純な別の動詞に分析できない」という意味で「形態論的に単純な自動詞」と呼んでおく。

をもちながら共存している場合、互いにどのように意味を分担し合っているかを知ることは、(2b) のような動詞受動形が別の動作主体の含意なく自然発生的な事態を表しているのか、あるいは、別の動作主体の存在を含意しつつ、その動作の結果を表しているのか、さらには、意志的な動作を表しているのか、そうでないのかを知る手がかりになる。すなわち、反使役や結果用法など受動以外の用法の認定に必要な要件の有無が、形態論的に単純な自動詞との用法比較によって得られると考える。

なお、本稿は、類義語動詞の使い分けから明らかにできる動詞受動形の受動以外の用法を考察するものであって、動詞受動形の用法を網羅的に記述しようとするものではない。例えば、受動形には、いわゆる非人称受動 (impersonal passives) の用法がチュルク語に広く見られるが、本稿では扱わない。

4.　受動形の反使役用法：「腐敗」の意味を表す類義語動詞

キルギス語において「腐る」という意味を表すのに、形態論的に単純な自動詞 *čiri-* と、他動詞 *buz-*「壊す」の受動形 *buz-ul-* が用いられる。トルコ語 *çürü-*、*bozul-*、タタール語 *čer-*、*bozïl-*、ウズベク語 *čiri-*、*buzil-*、ウイグル語 *čiri-*、*buzul-* など、両者ともに、チュルク語で広く用いられる語彙である。*buz-ul-* は、機械・機器類が「壊れる、故障する」という意味にも用いられるが、食品などの有機物に関して「腐る」という意味に限定すると、キルギス語では次のように使い分けられる。

(4)　a.　*čiri-*　野菜、果物、草、死体など

e.g. *Sabiz čiri-p ket-ti.*

ニンジン腐る-CV 去る-PAST-Ø(3)

「ニンジンが腐ってしまった」

Kemirüüčü-lör-dün	*ölümtüg-ü*	*eč bir-i*	*čiri-be-gen.*
齧歯類-PL-GEN	死体-3:POSS	一つも-3:POSS	腐る-NEG-PAST-Ø(3)

「齧歯類の死体はどれも腐らなかった」(KED: 406)

b.　*buz-ul-*　肉、魚など　e.g. *Et buz-ul-du.*

肉 腐る-PASS-PAST-Ø(3)　　「肉が腐った」

čiri- は、Yudaxin（1965）の辞書では 'гнить, преть'「腐る、腐敗する」と説明されているが、日本語で言えば「枯れる」に近い状態変化を語彙の意味の中に含んでいる。(4) のような *buz-ul-* との使い分けで見ると、主体が何かという違いがあるだけで、両者ともに時間の経過による自然の成り行きによる状態変化を表していると言うことができる。

以上の観察から、(4b) のような動詞受動形 *buz-ul-* の用法では、*buz-* が表す動作の主体の含意はなく、自発的な状態変化を表すものとして、反使役の用法であると認められる。

ちなみに、キルギスやカザフには、よく知られた諺として、次のようなものがある。

(5)	*Balïk*	*baš-ï-nan*	*čiri-y-t.*
	魚	頭-3:POSS-ABL	腐る-PRES-3

「魚は頭から腐る」（組織は上から腐敗することが多いことの喩え）

食肉としての「魚」の腐敗を表すのはふつう *buz-ul-* だが、(5) では政府など組織の腐敗や堕落に喩えるために *čiri-* が用いられているようだ。

5. 受動形の結果用法：「分離」の意味を表す類義語動詞

5.1. *ajïra-* と *ayrï-l-*

第 3 節の (2) に挙げたように、キルギス語において「離れる」という意味を表すのに、形態論的に単純な自動詞 *ajïra-* と、他動詞 *ayrï-/ayïr-*「二分する、引き裂く、引き離す」の受動形 *ayrï-l-* が用いられる。

ajïra- は「他のものにくっついていた状態のものが離れた状態になる」ことを表し、*ayrï-l-* は、元の他動詞 *ayrï-/ayïr-* の訳語「引き裂く」に特徴づけられるような分離動作の様態によって区別される語彙である。それぞれ次のような例に現れる。

(6)	a.	*tutka-sï-nan*	*ajïra-gan*	*ešik*
		取手-3:POSS-ABL	離れる-VN	ドア

「取手のとれたドア」（一番大事な部分が足りないことの喩え）

b. *kanat-ï-nan* *ayrï-l-gan* *kuš*
翼-3:POSS-ABL 引き離す-PASS-VN 鳥
「翼をもがれた鳥（lit. 翼から離された鳥）」

自動詞 *ağïra-* と、*ayrïl-* の元の他動詞 *ayïr-/ayrï-* は、同源語であることが知られている。自動詞の方は、古代チュルク語の他動詞 adır- がモンゴル語に借用されて自動詞 ağira- となり、それが再びチュルク語に借用されたと言われている（cf. Clauson 1972: 66）。

一方、他動詞の方は、古代チュルク語から現代のチュルク語に引き継がれ、トルコ語、アゼルバイジャン語、トルクメン語 *ayır-*、タタール語 *ayer-*、ウズベク語 *ayir-*、ウイグル語 *ayri-*、そしてハカス語 *azïr-*、のように広く用いられている。

モンゴル語経由で再借用されたと言われる自動詞 *ağïra-* が用いられているのは、カザフ語、キルギス語のほか、ウズベク語、ウイグル語の *ağra-* など、中央、東グループのチュルク語が中心である。これらの言語では *ağïra-* 系の自動詞と、*ayrï-/ayïr-* 系の他動詞及びそれに基づく受動形という派生自動詞が、並行して用いられていることになる。

自動詞 *ağïra-* と、同源語から派生した受動形 *ayrï-l-* は近似の意味を表すことが多いが、両者の違いは、次の (7a-b) の対比によって明らかにできる。

(7) a. *Mint-ip* *den soolug-uman* *ağïra-dï-m.*
こうする-CV 健康-1SG:POSS(ABL) 離れる-PAST-1SG
b. *Mint-ip* *den soolug-uman* *ayrï-l-dï-m.*
こうする-CV 健康-1SG:POSS(ABL) 離す-PASS-PAST-1SG
「こうするうちに私は健康を害した（lit. 私の健康から離れた）」

(7a–b) は、ほぼ同様の事態を表しているとも言えるが、そこには微妙なニュアンスの違いがある。コンサルタントによれば、(7a) では、「長年続けた仕事の結果など時間の経過を経て体調を崩した状態」を表すのに対して、(7b) では「医者の診断や投薬の結果など当人以外の原因によって体調が悪化した」というニュアンスが含まれるという。つまり、(7b) の *ayrï-l-* においては、統語上の主語「私」は動作対象であり、別の動作主体の存在が含意されているということができる。この点において、前節で見た、動作主体と変化対象を同定する反使役とは異なっている。このことから、(7b) は結果の用法とみなすことができる。

5.2. 中期モンゴル語 aǰira- とキルギス語の *ajïra-*

前節で述べたように、キルギス語の自動詞 *ajïra-* については、古代チュルク語の他動詞 adır- がモンゴル語に借用されて自動詞 aǰira- となり、それがチュルク語に再借用されて *ajïra-* になったと言われている。借用の過程で意味の変化が生じるのは珍しいことではないが、中期モンゴル語に見られる aǰira- と、現代のキルギス語の *ajïra-* との間には、小さからぬ違いが見られるので、そのことについて述べておきたい。

13–14世紀ごろに書かれたとされる『元朝秘史』のモンゴル語に aǰira- は 3 回登場するが、そこでは「(家に) 戻る」、「(鳥が) 飛び立つ、散る」という意味を表す自動詞として用いられている。

(8) a. Bulqan_Qaldun-nača　bawu=ǰu　geyit-tür-iyen　aǰira=ba.
ブルカン・カルドゥンから　下りて　自分たちの家に　戻っていった
「ブルカン岳より下って自分らの家々に赴いた」(村上 1970: 165)
(四部叢刊本『元朝秘史』第102節第 2 巻49丁2–3行)[7]

b. aǰira=qu　bildü'ür　anda min-u　büy=yü.
飛び去る　告天雀　我が親友　である
「飛び去る沙鶏（すなどり）こそ わがアンダなれ」(村上 1972: 72)
(同第160節第 5 巻30丁8–9行)

(8) に見るように、『元朝秘史』に見られる中期モンゴル語の aǰira- が表しているのは、意志的な動作である。これに対して、現代のキルギス語の *ajïra-* が表すのは意志的な動作ではない。

[7] 転写テキストは栗林・确精扎布（2001）によった。

(9) *Anïn* *ata-ene-si* *aǰïra-š-tï.*
彼の 父-母-3:POSS 離れる-RECIP-PAST-Ø(3)
「彼の両親は離婚した」

(10) *ata-ene-si-nen* *aǰïra-gan* *tomoloy ǰetim-der*
父-母-3:POSS-ABL 離れる-VN 孤児-PL
「両親を失くした孤児たち（lit. 両親から離れた孤児たち）」

(9) のようなキルギス語の例では、*aǰïra-* が「離婚する」という意志的な動作を表すと考えられなくもないが、(10) の例では、「両親が死んで、残された子どもたち」という意味合いをもつことから、やはり *aǰïra-* が表すのは非意志的な事態だと考えられる。

(8) に見た『元朝秘史』のモンゴル語には、「回去」「回」「散」という漢語による逐語訳が付されている。その後、モンゴル語内でも aǰira- という語彙に意味変化があったことは、Clauson（1972: 66）でも指摘されているが、Kowalewski（1844: 124）の辞書では「歩く、行進する、（神が）現れる」、Holtod（1960: 62）の辞書では ‘to proceed, betake oneself’ と説明され、チュルク語の *aǰïra-* とは隔たりがあるように思われる。しかし、Holtod（1960: 62）の用例に “tngri jin orun-a azira-xu. ‘to go to heaven, die (of exalted persons)’” とあり、この「天国に向かう（＝死ぬ）」という表現にチュルク語の *aǰïra-* との連続性が認められるとも考えられる。

6. 受動形の集合的な主体によって特徴付けられる行為の用法：「集合」の意味を表す類義語動詞 (1)

6.1. 「集まる」の意味を表す五つの類義語動詞

Dictionary of the Turkic Languages（1996）は、英語との対訳でトルコ語、アゼルバイジャン語、トルクメン語、タタール語、ウズベク語、ウイグル語、カザフ語、キルギス語のチュルク語 8 言語の語彙を掲載した辞書である。この辞書の ‘collect’「集める」の項（p. 32）には、各言語について次のような語彙が挙げられている。

(11)	トルコ語	topla-
	アゼルバイジャン語	топла- (topla-)
	トルクメン語	йыгна- (ÿygna-)
	タタール語	җы- (ji-)
	ウズベク語	йиғ- (yig'-)
	ウイグル語	يىغ- (yigh-)
	カザフ語	жина- (zhiyna-)
	キルギス語	жыйна- (jıyna-)

ここには、異なる語源の語彙が混在している。キルギス語でいえば、トルコ語、アゼルバイジャン語の *topla-* に対応する語彙として *topto-* があり、トルクメン語、カザフ語に挙げられた語彙に対応する語彙として *ǰïyna-* があり、ウズベク語、ウイグル語に挙げられた語彙に対応する語彙として *ǰïy-* が、それぞれ、別の語彙として存在する。キルギス語では、「集まる」という「集合」の意味を表す自動詞に、このほかにも *čogul-*、*üyül-* があり、整理すると次のようになる。

(12)	a.	*ǰïy-ïl-*	他動詞 *ǰïy-*「集める」の動詞受動形
	b.	*ǰïyna-l-*	他動詞 *ǰïyna-*「集める」の動詞受動形
	c.	*topto-l-*	他動詞 *topto-*「集める」の動詞受動形
	d.	*üy-ül-*	他動詞 *üy-*「集める」の動詞受動形
	e.	*čogul-*	形態論的に単純な自動詞「集まる」

(12e) の *čogul-* は、一見すると '*čok-*＋*ul-*' に分析できそうだが、キルギス語に '*čok-*' という形式は存在しないため、形態論的に単純な自動詞として考えなければならない。カザフ語にも *šoyïl-*「集まる」という自動詞があり、他動詞からの派生形でない点はキルギス語と同様である。同源と見られる語彙は、ハカス語に *čïïl-*、トワ語に *čïgl-* があるが、それぞれ、ハカス語 *čïg-*「集める」、トワ語 *čïg-*「集める」という他動詞の受動形として存在している点で、キルギス語やカザフ語とは異なる。辞書レベルの調査では、形態論的に単純な自動詞として「集まる」*čogul-*、あるいは *šoyïl-* の形式が用いられ

るのは、キルギス語とカザフ語で確認されたにとどまる。

6.2. 動詞受動形「集まる」の受動もしくは結果用法

まず、次の二つの *čogul-* の用例を比べてもらいたい。

(13) a. *el-ǰurt-ubuz-dan* *čogul-gan* *akča*
民-国-1PL:POSS-ABL 集まる-VN お金
「我々の国民から集まったお金」(KED: 572)

b. *Kol tamga-lar-ï* *čogul-t-ul-up,* *prezident-ke* *tapšïr-ïl-a-t.*
署名-PL-3:POSS 集まる-CAUS-PASS-CV 大統領-DAT 届ける-PASS-PRES-3
「署名が集められて大統領に届けられる」(KED: 572)

(13a) では「お金が集まる」という事態が *čogul-* という自動詞によって表されている。しかし、お金が自らの意志で集まるわけではないので、「集める」動作主の存在を背景として、その行為の「結果」が表されていると言えるだろう。これに対して、(13b) では、「集まる」という自動詞に使役接尾辞を接続して他動詞化し、これに更に受動接尾辞を接続した *čogul-t-ul-* という形式が用いられている。これによって「集める」という行為の動作主の存在が明示的に示されることになり、受動の用法と見ることができる。

(12a–d) に挙げた動詞受動形の類義語の場合、主語が無生物である場合は、(13b) のような受動用法か、もしくは結果の用法になる。以下に具体的な用例を一つずつ、挙げておく。

(14) a. *biyiktig-i* *eki metr* *tekče-de-gi* *ǰïy-ïl-gan*
高さ-3:POSS 2 メートル 棚-LOC-形容詞化接辞 集める-PASS-VN
it-tin *tamak-tar-ï*
犬-GEN 食べ物-PL-3:POSS
「2メートルの高さの棚に集められたドッグフード」(KED: 192)

b. *ǰïyna-l-gan* *egin*
集める-PASS-VN 穀物
「集められた穀物」(KED: 192)

c. *Akïn-dïn* *mïktï* *ïr-lar-ï* *topto-l-uptur.*
吟唱詩人-GEN 有名な 歌-PL-3:POSS 集める-PASS-EVID
「吟唱詩人の有名な歌が集められたそうだ」(KED: 509)

d. *kïzïlča* *üy-ül-ö* *tur-gan* *kïrman*
ビート 集める-PASS-CV 立つ-VN 納屋
「ビートが集められている納屋」(KED: 549)

(14) は、「ドッグフード、穀物、歌、ビート」などの無生物が人の手を借りずに自らの力で「集まる」ことはないので、用例中に動作主の明示は無くとも、その存在を背景としており、統語上に動作主を表示することが可能であることから、いずれも受動の用法と見てよいだろう。

しかし、これらの動詞受動形の主語が「人」である場合については、いずれの用法とみなすべきかの判断は容易ではない。これについては次節で述べる。

6.3. 能動的・意志的行為を表す「集まる」の用法

キルギス語で、(12a–e) のいずれの動詞も「人が集まる」という表現に用いられる。

(15) a. *Bul* *uluk-tar* *jïy-ïl-ïp* *otur-gan* *eken* *ušul* *čak.*
この 長-PL 集める-PASS-CV 座る-PAST-Ø(3) ようだ この 時
(『マナス』4巻6684–6685行)[8]
「こういう権力者たちも集まって、おりしも居並んでいた」(若松 2005: 168)

b. *El* *jïyna-l-dï.*
民 集める-PASS-PAST-Ø(3)
「人々が集まった」(Yudaxin 1965: 277)

[8]『マナス』はキルギス族に伝わる口承の英雄叙事詩で、現在伝えられている叙事詩では世界で最も長いものとして知られている。引用したテキストは、サグィムバイ・オロズバーコフ (Sagïmbay Orozbakov 1867–1930) が1920年代に吟唱したものを文字化したものである。

c. *Taksi* *toktooču* *tarap-tan* *15–20* *čamasïnda* *topto-l-gon*
タクシー 停留所 方 -ABL 15〜20 おおよそ 集める-PASS-VN
özbek-ter-di *kör-dü-m.*
ウズベク-PL-ACC 見る-PAST-1SG
「タクシー乗り場の方から15〜20人ほど集まったウズベク人らを私は見た」
(KED: 509)

d. *Kumurska* *üy-ül-üp* *kel-di.*
蟻 集める-PASS-CV 来る-PAST-Ø(3)
「蟻が集まってきた」

e. *Zamandaš-tar-ï,* *kiyinki-ler-i* *bol-up* *akïn-dï*
同世代-PL-3:POSS 次世代-PL-3:POSS なる-CV 吟唱詩人-ACC
eskerüü-gö *čogul-a-bïz.*
思い出すこと-DAT 集まる-PRES-1PL
「同世代、次世代の者がいて吟唱詩人を思い出すために私たちは集まる」(KED: 572)

(15) のうち、(15d) だけは「人」が主語ではない。*üy-ül-* は主に虫などが「集まる、群がる」場合に用いられ、「人」が集まる場合にも使えるが、マイナス評価を伴う表現になるという。

(15a–d) の *jïy-ïl-*、*jïyna-l-*、*topto-l-*、*üy-ül-* は、いずれも「集める」という意味を表す他動詞の受動形という形式を取っているため、(15a–d) の訳に示したような、主語名詞が表す主体の能動的・意志的行為という解釈とともに、「誰か／何かによって集められた」という受動の解釈や、結果用法であるという解釈も不可能ではない。

結論を先に述べるとすると、「人」を主語にした *jïy-ïl-*、*jïyna-l-*、*topto-l-*、*üy-ül-* などの受動形は、「集合的な主体によって特徴付けられる行為」として、チュルク語においては、受動や結果、反使役などの用法とは別個の独立したカテゴリーを形成すると考えるべきである。これらの受動形は、たとえ主語主体による能動的・意志的な「集まる」という行為を表していても、主語主体の行為が主語主体に及ぶという‘再帰行為’とみなすことには意味的に無理があり、また、「集めた」主体と「集まった」主体を同一のものと捉えて自然な状態変化と考える‘反使役’と理解することもできず、更に、特定できない誰か／何かによって「集められた」と解釈して結果用法に分類することも、意志的な行為を表すだけに難しいからである。

それでは、(15a–d) の *j̈iy-il-*、*j̈iyna-l-*、*topto-l-*、*üy-ül-* などの動詞受動形が表しているのは、具体的にどのような行為や動作なのかを、以下で見て行こう。*j̈iyil-*、*j̈iynal-*、*toptol-*、*üyül-* の語彙的な意味の違いを知るには、まず、もとになる他動詞の意味の違いを見ておく必要がある。

(16) a. *J̌az-gan emgek-ter-i-n j̈iy-üp ber-ce-m de-gen*
書く-VN 作品-PL-3:POSS-ACC 集める-CV あげる-COND-1SG 言う-VN
ümüt bar.
希望 ある 「私が彼の書いた作品を集められたらという希望がある」
(KED: 192)

b. *J̌az-gan emgek-ter-i-n j̈iyna-p ber-ce-m de-gen*
書く-VN 作品-PL-3:POSS-ACC 集める-CV あげる-COND-1SG 言う-VN
ümüt bar.
希望 ある

c. *J̌az-gan emgek-ter-i-n topto-p ber-ce-m de-gen*
書く-VN 作品-PL-3:POSS-ACC 集める-CV あげる-COND-1SG 言う-VN
ümüt bar.
希望 ある

d. *?J̌az-gan emgek-ter-i-n üy-üp ber-ce-m de-gen*
書く-VN 作品-PL-3:POSS-ACC 集める-CV あげる-COND-1SG 言う-VN
ümüt bar.
希望 ある

(16a–d) は、「(作品を) 集める」という部分の動詞だけを置き換えたものである。コンサルタントによれば、(16a) *j̈iy-* は「作品集としてまとめる」、(16b) *j̈iyna-* は「散らかった作品を一箇所に集める」、(16c) *topto-* は「作品を分類してグループごとにまとめる」、(16d) *üy-* は「雑然とかき集める」というようなニュアンスの違いがあるという。このために「希望がある」と続く (16d) はやや不自然な文になる。

jïy- と *jïyna-* は、単に「集める」だけでなく、「集めたものを積み重ねる」という意味合いを伴うようである。

また、*topto-* は、同音異義語である名詞 *top*「球、ボール」もしくは *top*「グループ」に動詞化接辞 *-la* が接続し、子音同化および母音調和を経て *topto-* という形の動詞になったもので、「一団にまとめる」「分類してまとめる」という意味をもち、この点で他の動詞とは異なる意味合いを持っている。

そして *üy-* については、(15d) の例について述べたように、*üy-ül-* が「蟻やゴキブリなどが集まる」場合や、他に「苦悩や悲しみが積み重なる」など、「良くないもの」の集合や集積の表現に使われる点で他の動詞とは異なる。

このように、*jïy-*、*jïyna-*、*topto-*、*üy-* など「集合」の意味をもつ他動詞は、集合後の状態によって行為の様態が規定され、それぞれ別の語彙として互いに補い合う関係にあると言うことができる。そして、これらに対応する受動形 *jïy-ïl-*、*jïyna-l-*、*topto-l-*、*üy-ül-* の表す意味についても、集まった後の状態によって区別が行われていると考えられる。

これらの受動形が能動的・意志的な行為を表すことができるのは、次のように命令形が成立することからも明らかである。

(17) *jïy-ïl-gïla*! / *jïyna-l-gïla*! / *topto-l-gula*! / ? *üy-ül-gülö*! / *čogul-gula*!
集める-PASS-2PL:IMP
「集まってください」

しかし、なぜ、動詞受動形が、「集まる」という能動的・意志的な行為を表すのに用いられるのだろうか。チュルク語の動詞接尾辞 *-(I)l-* は、一般に「受動接尾辞」と呼ばれるように、「統語上の主語が意味上の動作主体ではなく動作対象である」ことを示すのが第一の機能である。この機能と、本節で見たような「集まる」という能動的・意志的な行為とは、どのように関連するのだろうか。

チュルク語の受動接尾辞（および使役接尾辞）について、Johanson（1998: 55）は次のように述べている：

> Common to passive and causative patterns is that they signal ‘transcendence’ in the sense that the range of the action transcends the domain of the first

actant, which is either the goal or the source of the action. In the first case, with passive, the transcendence is exogenic (originating from outside). In the second case, with causative, it is endogenic (originating from within).

ここで指摘されるように、チュルク語の受動接尾辞の本質が「外部からの引き起こし」を表すことにあるとすると、キルギス語をはじめとするチュルク語では、「集まる」という行為を、複数の主体が存在して初めて成立する行為、すなわち単独の主体では達成することができない行為と捉えて、そのことを「外部からの引き起こし」を表す受動マーカーを伴う動詞によって表しているのではないかと考えられる。

このような、単独の主体では達成できない、集団的な主体によって特徴づけられる意志的な行為に受動形が用いられる場合としては、他に、次の(18)のような、*koš-*「加える」の受動形*koš-ul-*「加わる」がある。

(18)	*Koš-ul-a-bïz*	*kol-go*	*—de-p*
	加える-PASS-PRES-1PL	軍-DAT	言う-CV

「我々は軍に加わるぞ、と」(『マナス』第2巻6128行)

ところで、*jïyna-*「集める」には、次の(19)のように、「片付ける、掃除する」という意味で用いられる場合がある。

(19)	*Üy*	*jïyna-p*	*at-a-m,*	*de-y-t*	*uluu*	*kïz-ï.*
	家	集める-CV	している-PRES-1SG	言う-PRES-3	大きい	娘-3:POSS

「『家の片づけをしているところよ』と上の娘は言う」(KED: 192)

この*jïyna-*「集める」の受動形*jïyna-l-*には、再帰とみなすべき用法がある。これについて、次節で述べる。

7. 受動形の再帰用法:「集合」の意味を表す類義語動詞(2)

*jïyna-l-*は、「集まる、集められる」の他に、「準備する、仕度する」という意味で用いられることがある。

(20) a. *Jïyna-l*!/ *Jïyna-l-gïla*!

集める-PASS-Ø(IMP:2SG) 集める-PASS-IMP:2PL

「(帰る) 仕度をしなさい」

b. *Jïyna-l-ïŋïz*/ *Jïyna-l-ïŋïzdar*

集める-PASS-IMP:2SG(polite) 集める-PASS-IMP:2PL(polite)

「(帰る) 仕度をしてください」

これは、例えば他人の家を訪ねた時などに「上着やカバンなどを持って帰る仕度をしなさい」という意味で使われる表現である。

ここでの *jïyna-l-* が表しているのは、「物を自分に集める」という動作である。キルギス語はじめチュルク語には、例えば *juu-n-*（洗う-再帰接尾辞）「自分を洗う」のように、動作主体が同時に動作対象となる再帰動詞もあるが、次の例のように、動作主体が同時に動作の着点になる再帰動詞もある。

(21) *Uluttuk* *kiyim-di* *kiy-in-gile*!

民族の 服-ACC 着る-REFL-IMP:2PL

「民族衣装を着よう！」(KED: 265)

(20) のような *jïyna-l-* は、(21) の *kiy-in-* と同じく、動作主体が同時に動作の着点になる再帰行為を表していると見ることができる。

8. おわりに

本稿では、キルギス語において、動詞語幹に受動接尾辞が接続した動詞受動形が典型的な受動以外の用法に用いられる場合を、類義語動詞との比較、とくに形態論的に単純な自動詞との比較という手段によって、分析、検討し、記述を行った。受動形の受動以外の用法としては、反使役（第4節）、結果用法（第5節）、再帰（第7節）など、他の多くの言語にも見られる用法が認められるほか、チュルク語に特徴的な「集合的な主体によって特徴づけられる行為」を表す受動形の用法があること（第6節）についても述べた[9]。

略号一覧

ABL	ablative	PL	plural
ACC	accusative	POSS	possessive
CAUS	causative suffix	PRES	present/future tense
COND	conditional	PAST	past tense
CV	converb	RECIP	reciprocal/cooperative suffix
DAT	dative	REFL	reflexive suffix
EVID	evidential	SG	singular
GEN	genitive	VN	verbal noun
IMP	imperative	1/2/3	first/second/third person
PASS	passive suffix		

参考文献

Clauson, Sir Gerard (1972) *An Etymological Dictionary of Pre-Thirteenth-Century Turkish.* Oxford: Oxford University Press.

De Haan, Ferdinand (2011) Typology of Tense, Aspect, and Modality Systems. In Song, Jae Jung (ed.) *The Oxford Handbook of Linguistic Typology*. 445–464. New York: Oxford University Press.

Haspelmath, Martin (1987) *Transitivity alternations of the anticausative type.* Cologne: Institute für Sprachwissenschaft der Universität zu Köln [Arbeitspapiere, N.F.3]

Haspelmath, Martin (1990) The Grammaticization of Passive Morphology. *Studies in Language* 14–1: 25–72.

Holtod, Mattai, John Gombojab Hangin, Sergre Kassatkin and Ferdinand D. Lessing (1960) Mongolian-English Dictionary. Berkeley and Los Angeles: University of California Press.

Johanson, Lars (1998) The Structure of Turkic. In Johanson, L. and Csató, É.Á. (eds.), *The Turkic Languages*, 30–66. New York: Routledge.

影山太郎（1998）『動詞意味論』東京：くろしお出版.

Kowalewski, Joseph Étienne (1844) *Dictionnaire Mongol-Russe-Français.* Kasan:

---

[9] 本稿の執筆に当たっては、エリミーラ・イサベコワさん（キルギス共和国ビシュケク出身）にコンサルタントとして協力を得た。心から感謝の意を表したい。

Imprimerie de L'université.
Krippes, Karl A.（1998）*Kyrgyz-English Dictionary*, Kensington: Dunwoody Press.【=KED】
栗林均，确精扎布（2001）『『元朝秘史』モンゴル語全単語・語尾索引』東北アジア研究センター叢書第4号、仙台：東北アジア研究センター.
Manas, Kïrgïz elinin baatïrlïk eposu 4-kitep.（1995）Izdatel'stvo "Nasledie." Moskva.
村上正二（1970）『モンゴル秘史1』東京：平凡社.
村上正二（1972）『モンゴル秘史2』東京：平凡社.
Nedjalkov, Vladimir P. and Sergej Je Jaxontov（1988）Introduction. In Nedjalkov, Vladimir P.（ed.）*Typology of Resultative Constructions*. 3–62. Amsterdam: Benjamins.
Öztopç, Kurtuluş, Zhoumagaly Abuov, Nasir Kambarov and Youssef Azemoun（1996）*Dictionary of the Turkic Languages*, New York: Routledge.
若松寛（2005）『マナス　壮年篇—キルギス英雄叙事詩』東京：平凡社.
Yudaxin, Konstantin Kuz'mič（1965）*Kirghizsko-russkiy slovar'*. Moskva: Sovetskaya Enciklopediya.
Yuldašev, A. A.（1988）Kategoriya zaloga. In Tenišev, E. R.（ed.）*Sravnitel'no-istoričeskaya grammatika tyurkskix yazïkov, Morfologiya*, 269–324. Moskva: Nauka.

トルコ語と日本語における主観的な把握と丁寧さ

アイシェヌール・テキメン[1]

1. はじめに

トルコ語と日本語が非常に似ている言語であることは多くの研究によって言及されている。類似点については、語順が似ているということのほか、単語に助詞や助動詞が付く、格語尾がある、原則として主語を文の先頭におく、そして敬語という言語形式があるなどの点があげられよう。さらには、形式的にだけではなく、物事の捉え方や人間関係の作り方などにおいても似ている点が挙げられる。最も似ているといわれるのは、根源的な特徴として両言語が膠着語であることであろう。トルコ語も日本語も、出来・変化を表す動詞（日本語では「ナル」、トルコ語では ol-）及びナル表現（自発・自動詞・可能）を頻繁に用いた主観的な把握をする傾向がある言語である。その上、ナル表現は両言語に共通して「丁寧さ」と深い関係が見られる。また両言語とも空間を意識する言語であることも類似点のひとつとして挙げられる。しかし、これほど多くの共通点が挙げられるトルコ語と日本語であるが、両言語の相違点に注目することによって、さらに興味深い考察が可能となる。以下では、トルコ語と日本語を認知言語学の観点から取り上げ両言語における主観性と丁寧さについて述べていく。

2. 膠着語としてのトルコ語と日本語

トルコ語と日本語の一番重要な共通点は双方とも膠着語であることにある。

(1) Oku-mak（よむ-こと）

(2) Oku-(y)a-ma-mak（読め-ない-こと）

---

[1] Ayşe Nur Tekmen

(1) では「読む」を意味する動詞 oku- に接辞 -mak[2]がついて名詞化する。(2) は (1) の否定形であるが否定接辞は本動詞に次ぐ。

(3)　Konuş-ul-a-gel-mek（話-され-(て)くる-こと）

上記の (3) は補助動詞として「来る」が使われる例だが、Konuş- に受身接辞が付き、動詞と動詞を接続する接辞で動詞が結ばれる。

また、文レベルで膠着語を考えてみると接辞は当然付随する語と共に移動することになる。両言語においても語が移動することによって強調される対象が異なり、伝わる意味にニュアンスが生じる。下記の (4)(5) はその例にあたるものである。

(4)	Saat üç-te	okul-da	buluş-alım.
	3時-に	学校-で	会い-ましょう
(5)	Okul-da	saat üç-te	buluş-alım.
	学校-で	3時-に	会い-ましょう

上記のように、文を構成する語は自由に動くことができ、これが意味的ニュアンスを与えることにつながっている。このことは把握において重要な要素となる。こうして根源的に類似する言語どうしを比較していくことによって、本来言語形式的においても、把握においても質がまったく異なる西洋の言語との比較では見えてこないトルコ語の特徴、日本語の特徴がもっと深く捉えられるものと考える。

2.　主観的な把握の傾向

どの言語にも主観的な把握 (subjective construal)[3] と客観的な把握 (objective Construal)[4]が存在するが、トルコ語も日本語も主観的な把握をする傾向がつよい言語である。(Tekmen 2009)

---

[2] -mak は同時に辞書形でもある。

[3] 内からの目

[4] 外の目

(6)　Deniz　　gör-ün-dü.（海　見る-再帰接辞-過去形）
　　海が見えた。

上記のトルコ語の文では gör-（見る）動詞に接辞 -ün が付くことによって、日本語では自動詞「見える」が使われることによって「海が自ら現れてくる」という意味になる。すなわち、まるで「海」が動いているかのような言い方になる。しかし、英語では下記のような言い方にしかならない。

(7)　I see the sea.

(6) の日本語とトルコ語のように話者が自分の目に見えている、自分に感じられる（見える）まま、あたかも身をその場面の中においているかのように表現する傾向がある言語は主観的といえよう。一方、(7) の英語のように自分に見えない自分まで言語化する、身を場面の外に置いて表現する傾向が強い言語を「客観的把握」の傾向がある言語と呼ぶ。池上 (1981) は客観的な把握の傾向がある言語を「スル言語」、主観的な把握に傾向がある言語を「ナル言語」と称している。

2.1.　把握と翻訳

文学作品は文字で世界を作り出し、その空間に読み手を引き込むものである。そのため、翻訳の元の言語と目的言語の把握の仕方及び空間の作り方、読み手のその世界への引き込み方は翻訳においても重要な要素となる。トルコ語に訳された作品において、いったん客観的な把握の言語に訳された翻訳版からさらにトルコ語に翻訳された日本の文学作品と、日本語の原本からの直接トルコ語に翻訳されたものとを比較すると大きな差があることがわかる。特に冒頭文は文学世界の入り口でもあり、作品の重要な部分であることから、下記ではトルコ語にも翻訳されている川端康成の『雪国』と村上春樹の『アフターダーク』の両作品の冒頭部分を取り上げ、把握の仕方に焦点を当て、把握にかかわる文法的な要素について考える[5]。

[5] 日本語からトルコ語への翻訳はトルコ語を第一言語とするインフォーマント10名協力してもらったものである。

(7)　Tren　uzun tünelden　çık-ıp　kar-lar　ülkesine　girdi.

(1971, Altın Kitap)

電車　長いトンネル-奪格　出る-接辞　雪-複数形　国　入る-過去

(The train came out of a long tunnel into a snow country).

(8)　国境の長いトンネルを抜けると雪国だった。

(9)　Sınır-daki　uzun　tünelden　geçin-ce　kar-lar　ülke-si-ydi.

境-の　長　トンネル-奪格　通る-と　雪-複数形　国-所有接辞-過去

上記の(7)は川端康成の『雪国』の1971年に英語からトルコ語に訳された冒頭文であるが、日本語の原文の(8)には出てこない「汽車(tren)」が文に現れている。しかし、日本語からトルコ語に直接訳した(9)には「汽車」にあたる言葉はない。国境の訳は、「国」抜きで単に「境」と訳す人と「地域の境」と訳す人に別れている。

「抜けると」の部分はほとんどの人が、誰が抜けるのかという動作主がわからない形で訳していた。人称をあらわした人は1人称複数を使っていた。これら以外に「トンネルを抜ける」の代わりに「トンネルの後ろ」といった名詞を用いて訳した人もいた。

トルコ語の名詞文でも日本語と同様にほとんど動作主が文に現れないので、トルコ語で「雪国だった」と名詞文で訳しても自然な文だが、調査協力者は名詞文以外に「雪国が現れた（Karlar ülkesi göründü)」「雪国に来ていた(karlar ülkesine gelmiştik)」などと動詞文にして訳す傾向があった。その理由は「文学作品だからもうちょっと「トンネルを抜け雪と出会ったそのときの感じ」を重く感じさせたいため、動詞文にした」というものであった。

動詞文の場合、動作主は雪国の方が多かったが、受身を使って動作主を消した訳もあった。動作主を表す場合1人称複数接辞の人が多かった。

(10)　夜の底が白くなった。

「夜の底」は訳しにくく、「底」は「dip（奥)、derinlik（深さ)、karanlık（暗さ)」の三つの言葉に訳されていた。

「白くなった」は「beyaza büründü（白に篭った)」「beyaz kesti（白になり

きった)」のように変化を表す動詞であらわされていた。

また、ほとんどの協力者は(11a)の日本語の文は(11b)のように訳した。

(11) a. 信号所に汽車が止まった。

b. Sinyal nokta-sı-nda tren dur-du

信号 所-所有接辞-所核 汽車 止まる-過去

汽車という言葉を文頭で使うと外からと内からの視点の差が伝えられると答えた人もいた。さらに、「信号所で汽車が止まった」が電車の中からの視点でのものということをあらわすためにSinyal nokta-sı-na geldiğimizde tren durdu.「信号所に来たとき汽車が止まった」のように主語としてではないが接辞で1人称複数接辞を使って訳した人もいた。1人称複数接辞が使われることによって共同注意が成り立ち、読み手がその場に臨場し、語り手と同じ感覚になることによって、その空間に入りやすくなる。

上記の『雪国』の日本語からの翻訳の例からみても、英語と比べトルコ語ははるかに主観的な把握に傾向がある言語であるが、空間の作り方、文学世界に聞き手を引き込む方法では、トルコ語と日本語とでは相違点が見られる。

次の例は村上春樹の『アフターダーク』である。『アフターダーク』の特徴は「私たち」が文に現れることによって著者が読み手を導いているかのように、あるいは指示しているように感じられることである。非過去形が用いられていることも特徴のひとつである。

(12) a. 空を高く飛ぶ夜の鳥の目を通して、私たちはその光景を上空からとらえている。

b. (A訳) Yükseklerde uçan bir gece kuşunun gözünden yansıyan bu manzarayı gökyüzünün derinliklerinde yakaladık.

高い-複数-所格 飛ぶ 1つ 夜の鳥-の 目-奪格 移るこの景色(光景)-格 空-属格 深さ-複数-所有格-所格 捕まえる-過去-1人称複数

c. (B訳) Şehrin ışıklarını, yüksekten uçan gece kuşlarının gözleri aracılığıyla, gökyüzünün yükseklerinden yakalıyorduk.

町-所格 光-複数-対格 高い-奪格 飛ぶ 夜 鳥-複数-属格 目-複数 媒体に 空-属格 高い-複数-奪格 捕まえる-進行-過去-1人称複数

A訳もB訳も共通しているところは日本語で「私たち」が使われているのにトルコ語では主語が使われず1人称複数接辞だけで訳されていることである。上記の2つの訳の相違点はA訳ではyakala-dı-k（捕まえる-過去形-1人称複数）、B訳ではyakalı-yor-du-k（捕まえる-現在形-過去形-1人称複数）が使われる時制の違いである。

(13) a. 私たちの視線は、とりわけ光の集中した一角を選び、焦点を合わせる。

b. （A訳） Bakışımızı özellikle ışığın yoğunlaştığı bir alanı seçerek fokusluyoruz.

c. （B訳） Bakışlarımız, en sonunda ışıkların yoğunlaştığı bir köşeyi seçti ve oraya odaklandı.

(13) も (12) と同様日本語の本文に「私たち」が現れるが、トルコ語のほうでは調査協力者が1人称複数接辞を使用するものの主語は文面に出さなかった。また、調査協力者は最初の文で使っていた時制を無意識的に変えていた。その理由は時制を変えないと落ち着かないということだった。すなわち、翻訳に協力した第一言語話者のほとんどがグラウンディング[6]を必要としていたということになる。

(7)〜(13) の例からも分かるように言語が主観的把握に向いているか、客観的な把握を好むかは翻訳において非常に重要な要素である。元言語も目的言語も同じタイプの把握を好む言語であっても、文法上のでの現れ方に違いが見られる。ともに主観的な把握を好むトルコ語と日本語の場合、主観的な把握によって文学世界において読み手を引き込むという働きをするほか、コミュニケーションストラテジーとしても非常に重要な役割を果たしている。次の

---

6 基盤化

3節ではコミュニケーション上のストラテジーの1つとして「丁寧さ」に注目し、両言語における「丁寧さ」の表現に主観的な把握の仕方がどう作用しているのかについて論じたい。

3. トルコ語と日本語における丁寧さのとらえ方

トルコ語にも敬語が存在する。Tekmen（旧 Sugiyama）（2000）はトルコ語の基本敬語動詞を4つに分類している。また Tekmen（2005）では、トルコ語の敬語は動詞だけに見られるものではなく、名詞にもアラビア語で「偉大なる」と言う意味の接辞（もしくは語彙）「-ali」がつく、日本語の「名詞＋する」が「名詞＋なさる」になるようにトルコ語でも、「名詞＋yap-(する)」が「名詞＋buyur-」になって尊敬語になることを例としてあげながら説明している。さらに、トルコ語の待遇表現に見られる人間関係も日本語と同様に敬語だけで説明できるわけではない。敬語は以下にあるように、通常はネガティブポライトネスとされる。もちろん、ポジティブととらえた方が良い場合もあるがポライトネスはポライトネス理論（Brown & Levinson 1987）に基づいたものであり、日本語とトルコ語の敬語を見ると敬語とポライトネスが根本的なところで余り接点がないことが分かる（表：ポライトネスと敬語(Tekmen 2005)）。

	敬語		ポライトネス	
種 目的人物	話題の敬語 話題の人（聞き手の場合もある）	対話の敬語 聞き手（会話参加者）	ポジティブ 聞き手	ネガティブ 聞き手
機能	敬意を表す	豊かな人間関係	親しくなる	距離を置く
ファクター	場面、人間関係、個人的な判断		面子	

ポライトネス理論で言われてきた、いわゆるポライトネスと日本語やトルコ語の丁寧さ（kibarlık）は違うものだと考えられる。Tekmen（2007）ではトルコ語と日本語の観点から見て待遇表現に見られる「丁寧さ」を敬語と敬語以外の待遇（丁寧表現）の両面から再考している。

3.1. トルコ語と日本語における「丁寧さ」とはなにか

(14) Bu yazıya hemen cevap yaz-alım.

この 書類-与格 すぐ 返事 書く-意志 1 人称複数

この書類にすぐに返事を書きましょう。(Tekmen 2007)

上記の例ではトルコ語の意思を表す文法接辞「-(a)lım」が使われている。これを上司が部下に向かって言ったとき、ほとんどの場合部下は「上司と一緒に書く」ことは期待せず「自分が書類を書く」ことを依頼、もしくは命令されたと受け取る。「……の返事を書け」と言ってもいいのに話し手が行為を一緒に起こすかのように「-alım」を使う。トルコ語では「-alım」の代わりに 1 人称単数の形「-ayım」が使われた場合、意志は話し手だけのものであって、「書く」のも話し手ということがわかる。一方で「-alım」の場合は話し手の意志が聞き手に共有されることを期待されているか、目線を相手からそらし、会社として「返事を書こう」という意味にも聞こえるので、直接的な命令とは受け止められないため、丁寧さが生じる。この使い方は日本語でも話し手が書くか、聞き手が書くか、一緒に書くかはっきり見えないこともありトルコ語と同じく見受けられる。両者に共通して、話し手と聞き手の間に主観を共有する「共同主観的」傾向が観察されると言えよう。

(15) a. ワールドカップ決勝戦のチケットは売切れてしまいました。(Tekmen 2007)

b. Maalesef dünya kupas-ı bilet-ler-i sat-ıl-dı.

残念 世界 カップ-所有 チケット-複数-所有 売る-受身-過去

販売員が客に向かって言う場合、販売員は「売り切れました」と言えるにもかかわらず「〜しまう」を使うことによって「残念」というニュアンスをだし、相手の視線で物事を把握して言う場合がある。この場合相手と共同主観的な表現をすることによって言い方を和らげている。さらに、このような表現の場合、「〜しまう」の前に「〜なる、自動詞、受身」のように「ナル表現」が来ている。トルコ語では上記の例の場合、動詞が受身形で現れ、

「maalesef（残念）」という言葉が「〜しまう」の役割を果たす。この場合も、日本語と同じように「残念」というのは話し手だけでなく、相手の立場から見ても残念だという意味になり、事実の伝え方を和らげる。

ポライトネス理論では面子という概念が重視されるが、上記二つの例では話し手が聞き手の面子を考慮することなく丁寧さを表し、話し手と聞き手が共同主観的に、聞き手も話し手の丁寧さの待遇表現を認識できているといえよう。本稿では丁寧さを、言い方を和らげる言語的待遇としてとらえている。話し手は必ずしもその場で決まった丁寧な言い方をしなければならないわけではなく、自分の意志でそのような表現を使う。そして話し手と聞き手の間で成り立っている社会的な背景に基づいた親密な約束によってそれが聞き手に伝わる。トルコ語においても日本語においても、会話の中の動作を、話し手の動作として表すのか、聞き手の目線に合わせた動作として表現するのか、または話し手と聞き手両者にとって同様の距離感で認識できる動作として表すのか、それぞれの選択によって待遇表現としてのニュアンスは異なってくる。例えば、話し手や聞き手を動作主体として表すと直接的になるため、動作は両者にかかるものとして表現し、丁寧さをプラスしたのが最初の例であり、会話中の動作認識を話し手と聞き手が共有することが丁寧さを表す待遇表現の重要なポイントの一つとなっている。

3.2. 「ナル表現」、なる、Ol- と丁寧さ

ここでは、会話の中の動作を話し手の動作としてでも、聞き手の目線からとらえた動作としてでもなく、現象化させ、共同主観性に基づいて、同じ空間の中で認識できる、それによって丁寧さを表すことができる待遇表現について示してみたい。ここで「現象化」と呼ぶのは、動作としてでも表現できる自分あるいは相手、自分と相手に関係する出来事を事態として表現することによって、行為者をコンテクスト上で消すことを言う。

以下、現象化によって聞き手との共同主観性に基づき、なおかつ、話し手もその事態の中に存在することで生じる待遇性の例をあげていく。

日本語における現象化の一例として、「ナル 」が使われている表現があげられる。池上は自発について、「物事が『自ら然る』ように表現しようとする傾向、動作主の動きを削去すると述べている。トルコ語にも日本語の「ナ

ル」のように変化・出来事を表す「ol-」という動詞があり、以下の例文 (16) (17) はその使い方の例である。

(16) O 　öğretmen 　ol-du.
彼 　先生 　なる-過去形
彼は先生になりました。

(17) Onunla 　arkadaş 　ol-du-k.
彼-共格 　友達 　なる-過去形- 1 人称複数接辞
彼と友達になりました。

これに対し、以下の (18) (19) の例は、必ずしも日本語の「ナル」には相当しない。

(18) a. 　こちらはコーヒーになります。
b. 　Bu 　kahven-iz 　ol-uyor.
これ 　コーヒー-2人称複数 　なる-現在形
こちらはコーヒーになります

(19) Kendisi 　okuldan 　arkadaş-ım 　ol-ur.
自分-所有接辞 　学校-奪格 　友達- 1 人称単数 　なる-超越形
彼は学校の友達です。

(18) の例は「ナル」が変化を表すと解釈されやすい動詞であるため日本語としておかしいとされているが、トルコ語の感覚で考えるとどうしてこのような表現を使いたくなるかは分かる。(19) の例は「Kendisi benim arkadaşım（彼は私の友達（だ））」だけでも成り立つのに「ol-」が使われることによって状況を現象化し、聞き手と話し手がその状況を二人で見ている空間を作り出している。このことによって言い方がやわらかくなる。(18) も (19) も「コーヒー」、「私の友達」であることを「ol-」によって自分から一回離して、聞き手と同じ距離で一緒になって見ている、つまり主観の共有が成り立っている。ただし、(16) と (17) の例では「ol-」も「ナル」も事態の変化を表す機能を持ち、これらの例では主観の共有が成り立たないし、トルコ語話者から見ても丁寧さという現象も見られない。

したがって、旅館やホテルへ行ったとき、(20) のような表現が使われるのも、(19) は非常におかしくて使われない、(18) の使用はおかしいが、受け入れられるというのもトルコ人の観点から見ると理解しがたい。

(20) こちらはお風呂になります。

Burası	banyo	ol-uyor.
ここ	お風呂	なる-現在形

「こちらはお風呂です（である）。」というより「こちらはお風呂になります。」[7]といったほうが丁寧に感じられるのは、前者はあくまでも「目の前にあるのはコーヒーである」と「教える」「判断を言う」かのような言い方であり、後者は一緒にそれを確認している、見ているかのような言い方になっているからである。

(21) 結婚することになりました。

(21) のように結婚したことを伝える際に「ナル」動詞が使われる言い方はトルコ語にないが、トルコ語で「結婚する」にあたる動詞は「ev＋len；家＋動詞接辞」[8]のように名詞から作られた動詞であって、「家（所帯）を持たれる」という意味の自発的なものである。(21) の例の場合、「する」より「ナル」が使われるのは「する」では自分のみの目線で自分が動作主となって直接的に結婚という行為を表現しているのに対し、「ナル」が使われることによって結婚するという行為が現象化し、話し手はその動作を起こしている本人であるにもかかわらずその起きている現象の中にいるという感じを出すことによって言い方がやわらかくなるからである。言い換えれば話し手に関する動作や行為者を当該の文やコンテクストから消して現象化させて、共同主

[7] トルコ語では Burası banyo（ここ　お風呂）.
[8] Hüzün＋len-mek＝悲しくなる、ateş＋lenmek＝熱が出る、のように使われる。

観性に基づいて言い方が和らげられているのである。

(22) Kapı　kapan-ıyor.
　ドア　閉まる-現在形
　ドアが閉まります。(駅のアナウンス)

ドアを自分で閉めるときの「ドアを閉めます」は動作主がはっきり分かるような表現だが、上記の例の場合、自動詞を使うことによって行為を現象化させ、その動作を話し手が行っていても、その事態の中で一緒に見ているような感覚を作る、言い換えれば主観が共有される。このような言い方はトルコ語にも見られる。これらは日常の場面では使われないが、それは現象としてドアが閉まることを共同主観的に観察することがないためである。

(23) İşlem ücret-i　120 Yen　tut- ar/ tut-uyor.
　手数料-所有接辞　120 Yen　かかる- 超越形 / かかる-現在形.
　手数料が120円かかります。

(23) の例の (22) との類似点は、他動詞の「引く」、「かける」などの動作主が分かるような動詞ではなく、事態を現象化して表現できる自動詞が使われていることである。この例の場合も動作を起こすのは話し手であるのにもかかわらず、話し手と聞き手が同じ空間、事態の中にいる様子が表されている。こうして、共同主観性が出て、行為を現象化することによって言い方が和らげられる。

(24) Okul-da　toplantı　düzenle-n-ecek.
　学校-処格　会議　開催-受身-未来
　学校で会議が開かれます。

(24) の例は話し手が主催者側の一員であっても使われる表現である。この場合受身が使われることによって、話し手が自分も関係している出来事を現象化させて述べることとなり、動作をする「私」というものに焦点が当たらないようにして言い方が和らげるものである。

(25) Adaya　　gid-il-di.
　　島-与格　　いく-受身-過去形
　　島へ行きました。

上記の例も (24) と似ているが、日本語でこの文をそのまま言おうとすると行かれた、という受身形であることから話し手の被害の感情を表すものになる。しかし、トルコ語の受身は感情を表す機能を持たないので、ここでは感情ではなく、(24) の例と同じように話し手がその行為をした一人であるのに受身を使って行為を現象化させる働きをもたらす。この場合も、上の例と同じように聞き手とその事態を同じ距離感で一緒に見ている感覚が直接的な言い方を避け、表現を和らげていると思われる。

上記の例からも分かるようにトルコ語も日本語もナル表現は丁寧さと深い関係がある。両言語においてもコンテクスト内の動作性をナル表現で現象化させ、言い方を和らげる傾向があるが、ナル表現のどれをどのように使うかはそれぞれの言語において異なる。日本語においてはしばしば受身形は日本語独特の使われ方がなされるといわれるが、実はトルコ語の受身も動作主を文面から消し、動作を事態として表現することによって「丁寧さ」につなげているという点で、トルコ語の受身も独自の使用法であるといえよう。

3.3. トルコ語の超時制と補助動詞「いただく」

(26) Oku-r　　　　mu-sunuz?
　　読む-超越形　　疑問-2 人称複数
　　よみますか（*読んでいただけますか。）

(27) Okuy-abil-ir　　mi-siniz?
　　読む-可能-超越　　疑問-2 人称複数
　　よめますか（*読んでいただけますか。）

上記のトルコ語の文は日本語に直訳できない。日本語に訳すとき両方の文もトルコ語にない「いただく」のような授受動詞の補助動詞が使われる。依頼するとき超時制の代わりにトルコ語を okuyor musunuz? のように現在形、あるいは Okuyacak mısınız? のように未来形を使って表現すると使用される時制によって時間が限られ、「読んでもらいたい」という依頼は圧力的に感じられる。言い換えれば、超時制は時間の感覚を消すことによって「今ここ」の感覚がなくなり、それが事態化につながる。

(28) Tavsiye mektubu　yaz-ar　mı-sınız?
推薦状　書く-超越形　疑問-2人称複数
推薦状を書きますか（書いていただけますか。）

(29) Tavsiye mektubu　yaz-abilir　misiniz?
推薦状　書く-可能　疑問-2人称複数
推薦状を書いていただけますか。

上記の (28)(29) も (26)(27) と同じように超時制が使われることによって時間の感覚が消され、言い方が和らげられる例である。(29) と (28) を比べると (29) のほうがより丁寧に感じられ、依頼表現のために良く使われる例である。それは (28) では超時制だけが使われることによって時間の感覚が消されるのに対し、(29) では可能形が使われることによって、「書く」動作が事態化され、「推薦状を書く」という事態が成り立つかを聞き、超時制を使うことによって時間の感覚を消している。これによって言い方が (28) より和らげられ、それが丁寧に感じられることにつながる。

(30) 盲導犬を連れてお入りいただけます。
Rehber köpeğ-iniz-le　birlikte　gir-ebil-ir-siniz.
盲導犬-2人称-と　一緒に　入る-可能-超越形-2人称複数

上記の (30) の例の日本語では「いただく」が使われているのにそのトルコ語訳では日本語で「可能−超時制」が使われる。この場合、日本語では「いただく＋可能形」が使われることによって話し手と聞き手との間で共同主観性が成り立ち、話しては同じ気持ちでいるかのように感じられる。これが丁寧さにつながっているのである。トルコ語の場合「動詞-可能-超時制-人称」が使われることによって共同主観性は成り立たないが、可能形が使われることによって動作が事態化され、超時制が使われることによって時間の感覚が消されるので丁寧に感じられる。

(31) インターネットでお申し込みいただけます。

İnternet-ten	başvur-abil-ir-siniz.
インターネット-から	申し込む-可能＋超越形- 2 人称複数

(31) も (30) と同じく日本語の場合は「いただく」が使われることによって共同主観性が成り立ち、話し手が聞き手と同じ気持ちを持つかのような表現になっている。それに可能形が付くことによって動作が事態化され丁寧に感じられる。これに対して、トルコ語では「可能形」が使われることによって動作が事態化し、超時制によって時間が拡張され、時間の感覚が消される。両方の表現も丁寧さにつながる。

(32)

Hayvan	kabul	ed-il-ir.
動物	受け入れ	する-受身＋超越形

動物を受け入れております。

上記の (32) の例でも動作が事態化され、時間の感覚が消されることによってこの表現は丁寧さにつながるが、今度の例の場合は (27)(29)(30)(31) のように「可能＋超時制」ではなく「受身＋超時制」が使われている。受身が使われることによって動作主が文に現れなくなり動作が事態化する。超時制は時間の感覚を薄める働きがある。このような表現は丁寧さのある表現として把握される。日本語の場合補助動詞「おる / いる」動詞が使われることによって状態が表されるが、現象化による丁寧さは見られない。

(33)

Uçağ-ımız	havalimanı-na	inmiş-tir	Duyur-ul-ur.
飛行機- 1 人称単数	空港-に	降りる-mis 過去-コプラ	報告-受身-超越

飛行機が着陸しました。ご報告いたします。

(33) も (32) と同じように「受身」で動作主が消され、「超時制」によって時間の感覚が消され、これが丁寧さにつながる。

(34) Temmuz sonuna kadar　　başvurma-nız　　rica　　ol-unur.
七月末までに　　申請する -2人称　　お願い　　なる-受身-超越
七月末までに申し込むようお願い申し上げます。

(34) も (32)(33) と同じように「受身＋超時制」が使われる例であるが、この場合は依頼にあたるものである。日本語での「お願いたします / お願い申し上げます。」はトルコ語では「ナル動詞、受身、超時制」が使われ、日本語に直訳すれば「お願いになられます」の形になる。この場合、受身が使われることによって動作主が感じられなくなり、したがって、聞き手 / 読み手も直接言う相手が見えないので直接的に言われている感じにはならない。時制は時間の感覚をなくすため、トルコ語では丁寧さにつながるのである。このような文はアナウンスや正式書類では良く使われるものである。

駅の構内アナウンスで「終日禁煙となっております」のような発言は簡単に言えば「タバコを吸うことを禁じております」ということになるが、この場合「ナル」が使われることによって「禁じる」行為が事態化される。そうして共同主観性が成り立ち、その現象を話し手と「禁じる」行為に関係する聞き手が一緒に見ているかのような言い方になる。共同主観性が成り立ち、行為が事態化することによって言い方が和らげられ、話し手が「禁じる」のを行為ではなく現象として受け入れ、これが、3.2. でも述べたように丁寧さにつながる。この場合、トルコ語では日本語のように「なる」動詞は使われないが、下記の (34) のように受身＋否定・超越形の形で表現される。

(35) Sigara　　İç-il-mez!
タバコ　　吸う-受身＋否定・超越形
(タバコは吸われません)
タバコは吸えません（禁煙）

(36) Park　　ed-il-mez!
　　駐車　　する-受身-否定・超越形
　　（駐車はされません）
　　駐車はできません（駐車禁止）

(36) の文も (35) と同じように禁じる例であるがこの場合も (35) の同じように受身＋否定・超越形が使用される。「受身」はその行為をしない人を事態化し、超時制の否定形が使われることによって時間の感覚が消される。日本語の場合はこのような使い方がなく、「喫煙」「駐車禁止」のように漢語が使われることによって状態が表現される。

起きた事象を動作主をたてて表現するのに比べ、現象として事態化させることで話し手がいったん客観的に物事を捉えているように見えるが、この場合、言い方が和らげられ、聞き手の抵抗感が抑えられるという効果が生まれる。上記の (26)(36) までの例ではトルコ語の超時制と丁寧さのつながりを取り上げたが、超時制はトルコ語の認識構造において重要な役割を果たす文法要素である。したがって、これから認識の観点からの超時制の研究は Tense/Aspect の研究にも非常に役立つものと思われる。

5.　おわりに

ここまでの議論から日本語とトルコ語は形式的に似ている上、事態の把握の仕方も似ているところがあるということができる。本稿では、日本語とトルコ語における待遇の表し方を考えてきた。両言語においても動作主が現れる行為に焦点を当てた言い方を「ナル表現」で表現することによって現象化させ、共同主観性に基づいて現象を共有することにより、行為をめぐる対立を避ける。つまり、トルコ語話者、日本語話者にとって、現象は受け入れるものであって、対立しないものであるがゆえに、こうした表現が何らかの形で言い方を和らげる機能を持ち、従来の「丁寧さ」とは若干異なる意味での「丁寧さ」につなげられるのだと考えられる。

また、トルコ語における現象化を表す手段としては、ナル表現以外に時制を使ったかたちもあることを示した。つまり、トルコ語の超越形と呼ばれる時制は特定の時間を指定せず、拡張する機能を持つため、時間の感覚が失われ、現象化につながるのである。

日本語では、トルコ語の「超越形」「可能・超越形」が使われるケースにおいて、「いただく・可能」が使われる。「いただく・可能」を用いることは、実際に利益が話し手にあるか否かではなく、可能形を使うことによって事態が現象化され、聞き手と共同の空間で眺めているかのような感覚を抱かせる働きが目的である。さらに「いただく」の使用が喜びを分け合うかのような表現につながっていると考える。

他方、トルコ語では超越形を使うことによって時間の感覚を失わせ、ナル表現である「可能」を使うことによって聞き手の共同空間で現象が起きることを眺め、さらに可能形とともに人称接辞も使われるので利益者も現れる。また質問の形（疑問形）をとることによって、利益は動作主ではなく聞き手であるように把握される作用もある。

さらに、報告・お願い・禁止など、話し手からの一方的な言語行動の場合、トルコ語では「受身・超越形」が使われる。受身が使われることによって動作主が消され、超越形によって時間の感覚が消される。そうすることによって、聞き手と話し手が同じ空間の中で起きている現象を見ているように把握される。

このようにトルコ語では時制を拡張化することによって時間の感覚が失われ、ナル表現が使われることによって共同主観性が作られることにより、述べる、指示するなどの一方的な言語行動が一緒に確認する、現象として捉えられるように把握され、よりスムーズな言い方として受け入れられるといえよう。

参考文献

Brown & Levinson (1987) *Politeness: Some universals in language usage*. Cambridge University Press.

池上嘉彦（1981）『するとなるの言語学』大修館書店

池上嘉彦（2000）『「日本語論」への招待』講談社

池上嘉彦（2006）「〈主観的把握〉とは何か」『言語』5月号、pp. 20–27、大修館書店

池上嘉彦（2007）『日本語と日本語論』ちくま書房

池上嘉彦・徐一平・テキメン・アイシェヌール・守屋三千代（2008）「認知言語学と日本語教育」ワークショップ予稿集 The Eighth International Symposium on Japanese Studies and Japanese Language Education, The University of Hong Kong

池上嘉彦・守屋三千代編著（2009）『自然な日本語を教えるために―認知言語学をふまえて―』ひつじ書房

Kawabata, Yasunari (1971) *Karlar Ülkesi*. (Nihal Yeğinobal 訳). Altın Kitap.

守屋三千代（2009）「小説の冒頭に見られる『語り』と『読み』」『日本語日本文学』第19号、創価大学

金谷武洋（2002）『日本語に主語はいらない』講談社

金谷武洋（2003）『日本語文法の謎を解く』ちくま新書

金田一京助（1956）『日本の敬語』角川書店

Tekmen, A.（旧杉山アイシェヌール）（2000）「トルコ語の敬語動詞についての基礎研究」『東京大学言語学論集』19号、227–246.

Tekmen, A. (2005) Türkçe ve Japoncada ‘Saygı Dili’ Kavramı Üzerine. *V. Uluslararası Türk Dili Kurultayı Bildirileri 2*, 2827–2836, TDK.

Tekmen, A. (2007)「待遇表現の分類再考察」『ヨーロッパ日本語教育（Japanese Language Education in Europe）』11, 125–133.

テキメン，アイシェヌール（2009）「日本語とトルコ語の待遇表現の実態」『アジア圏の社会言語学アジア的視座が切り拓く待遇言語行動研究の展望』社会言語科学会十周年記念シンポジウム予稿集、東京外国語大学

トルコ語の否定文におけるアスペクトとモーダル的な特徴
—日本語との対照分析—

アイドゥン・オズベッキ

キーワード：トルコ語、否定文、テンス、アスペクト、意志のモダリティー

要旨

日本語における過去疑問文に対する返答文は「た」過去あるいは「テイル」形式の過去という二通りであるということが寺村（1984）では既に指摘されている。トルコ語はテンスまたはアスペクトに関する研究が一見進んでいると思われるが、これらの先行研究はすべて肯定文におけるテンスとアスペクトを中心に行われてきた。本稿ではこれらのことを踏まえた上で日本語において寺村（1984）の実験をモデルにトルコ語の否定文におけるアスペクト的な概念の有無について考察を行った。さらに、一見アスペクト的な意味合いが見られる構文においても意志を表わすモーダル的な解釈も可能であることをその条件も述べながら明らかにした。

1. はじめに[1]

一般的にアスペクトとは、動詞が表す出来事の完成度の違いを記述する、動詞の文法的なカテゴリーである。出来事を完結したまとまりのあるものと捉えるか、未完結の広がりのあるものと捉えるかによる語形交替ともいえる。また出来事が瞬間的か、継続的か、反復的かなどの側面から分析し、動作自体が全過程の中でどこにあるのかに着目して区別を行うカテゴリーである。特にスラヴ系の言語などでアスペクトは独立した文法カテゴリーであるが、アスペクトと時制を区別しない言語も多数ある。日本の場合は、金田一

[1] 本論文は2010年の韓国言語学会と2011年ポルトガルアゾレス大学で開催された Temporal, Modal and E. I. in Natural Language Discourse 学会で発表したものをまとめたものである。貴重なコメントをくださった Hans KAMP 氏をはじめ、トルコ語のデータ判断に協力してくださった Derya Akkuş SAKAUE 氏 , Barış KAHRAMAN 氏そして日本語のデータを提供してくださった仁科明子氏にも心から感謝している。

(1976) ら、工藤 (1995)、(2004) が標準語をはじめ、方言におけるアスペクト的な表現の特徴を述べてきた。トルコ語の場合はアスペクトのみの意味を有する特有の接辞が存在しないことがKornfilt (1997), Göksel & Kerslake (2005) で主張されている。ただし、このことからトルコ語はアスペクトカテゴリーを持たない言語であるとは言えない。Johanson (1994) でも議論されてきたように、トルコ語のテンスとアスペクトは多義性を持つ接辞で表されることが多いため、Johanson (1994) はアスペクト-テンポラ (aspectotempora) というトルコ語に特有の体系を提案している。例えば、通常過去時制を表すと言われる *-dI* が用いられている例文を見てみよう。

(1) Hasan balığ-ı ye-di.
Hasan fish-Acc eat-Past
"Hasan ate the fish"
"Hasan has eaten the fish"[2] (Kornfilt 1997: 349)

Kornfilt (1997) で示されている上記の例には過去時制の解釈も可能であれば、完了のアスペクトの解釈も可能である。このような曖昧性を排除するには構文に *saat ikide* (二時に) のような時制または *çoktan* (既に) のようなアスペクトをはっきりさせる副詞の挿入が必要である。

(2) Hasan balığ-ı saat ikide ye-di. (Past)
Hasan fish-Acc hour two-Loc eat-Past
"Hasan ate the fish at two"

(3) Hasan balığ-ı coktan ye-di. (Perfect)
Hasan fish-Acc already eat-Past
"Hasan has already eaten the fish"

---

[2] 本論文の言語は主に日本語であり、通常例文に和訳を付けるべきだが、日本語もアスペクトとテンスの境界線がはっきりしない例が少なくないため、便宜的に用いるデータ全てに比較的アスペクトとテンスの区別がはっきりする英語のグロスと英文訳を付けることにした。

さらに、トルコ語には通常[3]現在進行を表す接辞 *-yor* も存在し、*-yor* も文脈または動詞の種類によって様々なアスペクト用法を表すことができる。例えば、状態動詞（stative verbs）の場合は *-yor* が継続を表し、動的動詞（non-stative verbs）の場合は現在進行を表すことができる。その点において多義、多様的である *-dI* と類似点を持っていると考えられる。

(4) 状態動詞の継続

Ali Ayşe-yi tan-ıyor.

Ali Ayşe-Acc know-Prog

"Ali knows Ayşe"

(5) 動作動詞の継続

Ali televizyon izli-yor.

Ali television watch-Prog

"Ali is watching the television"

(6) 起動相

Ali yat-ıyor.

Ali lie down-Prog

"Ali is going to bed (now)"

本稿では上記の二義的な形式に加えてトルコ語の *-dI* と *-yor* がそれぞれ付加されている否定文の類似点と相違点について考察を行い、そしてさらに通常進行形を表していると言われる *-yor* 接辞が付加されている否定構文に見られる（否定の）意志または願望を表すモーダル的な特徴について検証したい。

2. 否定文におけるアスペクト

Givón (1979: 121) は、"the number of tense-aspects in the affirmative paradigm

3 ここで言う通常はトルコ語の学校文法を意味する。-yor 接辞について Erguvanlı-Taylan (2002) は現在形よりは未完了のアスペクトとして捉えるべきであると主張している。

is almost always larger but never smaller than the negative" と定義しており、否定文の有するアスペクト - テンスは肯定文と変わらないことを主張している。肯定構文に見られないが、対応する否定文が見られるようなアスペクトまたはテンスの現象が世界の様々な言語に存在している（参照：Miestamo 2005)。トルコ語も日本語と同様に肯定文の場合は、完了のアスペクトとテンスは副詞なしでは簡単に解釈できない。ここで Givón (1979) の上記の引用文を考慮に入れると、肯定文のみならず否定文についても考察を行う必要性が表れてくる。ただし、トルコ語の否定文そして否定文とアスペクト - テンスの関係における先行研究は筆者の調査の限り非常に少ないため、トルコ語と形態構造的に類似していると言われている日本語の先行研究をもとに出発し、最終的に対照しながら考察を行いたい。

2.1. 先行研究

本稿では主に否定構文に見られるアスペクトを中心に考察するため、まず日本語における否定構文、そして否定構文におけるテンスまたはアスペクトについて先行研究を紹介したい。

日本語における過去疑問文に対する返答文は「タ」過去あるいは「テイル」形式の過去という二通りであるということが寺村（1984）で指摘されている。特に、寺村では、「タ」に、完了を表すアスペクトの解釈と、過去時制を表すテンスの解釈があることが示されている。よく知られているように、典型的な文法書では、疑問文の持つ時制的あるいはアスペクト的な接辞が答でも一致すべきであると述べられているが、寺村が以下に提示している例からも分かるように一定の意味的、語用論的な背景があれば、問いに対する答えは必ずしも一致していなければならないというわけではない。まず寺村の説明を以下に述べたい。

(4) 昼飯ヲタベタ。

というような例について、それがいずれであるかという議論をしても、それは客観的・形式的な根拠を欠いた、しょせん観念的な論であると言われても仕方がないだろう。すくなくとも、'... have eaten ...' と '... ate ...' のような形式的な徴表はそこにはない。

私は、動作・出来事を示す動詞のタ形には、

(5) モウ 昼飯ヲタベタ。

のように、完了（アスペクト）を表すものと、

(6) キノウハ 昼飯ヲタベタ。

のように過去（テンス）を表すものがある、と考えるのであるが、タにこのような二の異種のものがあるということは、次のような聞いに対する答えを比べてみると分かる。

(7) モウ 昼飯ヲタベタカ。

(8) キノウ 昼飯ヲタベタカ。

に対して、肯定の答えは言うまでもなく '……ダ' だが、否定の答えは、それぞれ、

(7′) イヤ、｛（マダ）食ベテイナイ。
食ベナイ。｝
(× 食ベナカッタ)

(8′) イヤ、食ベナカッタ。
(× 食ベテイナイ/食ベナイ)
でなければならない。

この事は、'モウ' 'キノウ' というような副詞に助けられて、同じ '～ダ' という形式が、ある場合には現時点での動作の終わったか否かを、

またある場合には現時点と（いかに短い間であっも）隔絶した‘過去’における動作を表すのだ、という事が、決して観察者たる文法家の頭の中だけにある区別でなくて、実際に話し手と聞き手との間で了解されているという事を示している。その異なる二つの面の、いずれかと限定するような補助的要素（上例では、‘モウ’とか‘キノウ’とかの副詞）のない、例えば(4)のような文は、だから、少なくとも二義的である、という事になる。 寺村（1984: 321, 322）

以上のように、寺村は「タ」には過去を表す時制的な解釈と完了を表すアスペクトの解釈が二通り存在していることを示している。「昼ご飯を食べましたか」という疑問文に対する答えは「いいえ、食べませんでした」か「いいえ、まだ食べていません」かのどちらを使うかその疑問文が過去時制を表しているかまたは完了をあらわしているかによる。つまり、否定文の答えと疑問文の解釈には深い因果関係があると考えられる。前節でトルコ語について行ったようなアスペクトと時制が両方解釈可能な構文において曖昧性を排除するために副詞の挿入テストを日本語のについても行ってみると、日本語の否定構文でも時制かアスペクトかどちらの解釈かによって、共起する副詞も異なる。例えば、「昨日」は過去のテンスと共起し、「もう」は完了のアスペクトと共起する副詞である。

寺村の主張から出発した町田（1989: 84）も、「つまり、日本語では、過去に成立した事象の結果が発話時点においても知覚可能である場合には、通常「テイル」形を使用するのであり、事象が過去に成立していて、その影響が発話時点において残っていると発話者が判断しても、その結果が知覚可能な形で提示できない場合には、「タ」形を使用するのである。」と述べ、否定構文の場合は完了のアスペクトと過去時制の解釈の区別が肯定構文よりはっきり表されていることを主張している。

2.2. トルコ語の否定文の場合

トルコ語の時制及びアスペクトに関する研究は多数あるが、本研究で調べた限りでは否定構文における時制及びアスペクトについては、Göksel & Kerslake (2005) 以外に先行研究はほとんど存在しない。

Kornfilt (1997) は、過去の時点から現在も続いている出来事または状況を *-den beri*「〜以来」後置詞句構造でも表現できることに注目し、これらの構造が英語の "have been -ing" の形式に類似していると述べている。さらに、*-den beri* 後置詞句構造の述語も進行を表す *-yor* でマークされる必要があると示されている。例えば、

(7) Beş saat-ten beri sen-i bekl-iyor-um.
Five hours-Abl after you-Acc wait-Prog-1sng
'I have been waiting for you for five hours'

上記のような例でも見られるように、トルコ語の完了進行のアスペクトを表す構文において Kornfilt (1997) の主張は適切ではあるが、主に *beri*「〜から」を用いた構文を取り扱った Göksel & Kerslake (2005) も否定構文に見られる完結相と非完結相の区別をごく簡単に記述するのみであり、特に問題提示はしていない。まず、Göksel & Kerslake (2005) の関連する議論をまとめると以下のようになる。

「同じ構文が完結相と非完結相の意味合いのどちらを待っているかは否定形の述語の場合にはクリアに区別できる」(Göksel & Kerslake 2005: 219)

(8) (a) Toplantı-dan beri konuş-**ma-mış**-lar.
meeting-ABL after speak-NEG-EV/PF-3PL
'Apparently they haven't spoken since the meeting.'

(b) Toplantı-dan beri konuş-**mu-yor**-lar-mış.
meeting-ABL since speak-NEG-IMPF-3PL-EV.COP
'Apparently they haven't been speaking since the meeting.'

Göksel & Kerslake (2005: 219)

ただし、次の例で *-den beri* 後置詞句が存在している構文の述語動詞が *-yor* 接辞のみではなく、過去時制を表す *-dI* 接辞でマークされても完了進行の意味合いが表れることに注目されたい。

(9) a. Sabah-tan beri hiçbir şey ye-mi-yor-um.
morning-Abl after any thing eat-Neg-Prog-1sng
'I have not been eating anything since morning' (Speaker is still hungry)

b. Sabah-tan beri hiçbir şey ye-me-di-m.
morning-Abl after any thing eat-Neg-Past-1sng
'I have not been eating anything since morning' (Speaker is still hungry)

進行マーカー *-yor* でマークされた否定構文 (9a) に対して、過去マーカー *-dı* でマークされた (9b) も形式的には過去時制の形式であるにもかかわらず、完了進行のアスペクトと同様に発話者の状況が過去のある時点（ここでは朝の時点）で開始し、発話時においても状況が続いていることを表すことができる。*-yor* が付加されている否定文 (9a) も以下の肯定文 (10a) もどちらも文法的である一方、*-dI* が用いられた否定文は完了進行のアスペクトの意味合いで文法的ではあるが、対応する肯定文 (10b) は完了進行のアスペクトの側面から解釈しても、過去時制の側面から解釈しても非文法的になることは興味深い現象である[4]。

---

[4] i.* Sabah-tan beri ye-di-m.
morning-Abl after eat-Past-1sng

上記の構文は非文法的であるし、elma（りんご）のような目的語の挿入も不自然であるが、目的語が *sadece bir tane* のような quantifier で修飾される場合に限って文法的になる。

ii. Sabah-tan beri sadece bir tane elma ye-di-m.
morning-Abl after only one piece apple eat-Past-1sng
"I have eaten only one apple since morning"

しかし、これも *sadece bir tane elma* 句がもつ意味論的な性質のため文法的だと感じられる可能性がある。McCawley (1981) では、英語の *only a* が構文自体に否定の意味をもたらしているという機能について議論している。その観点から考察すると上記の *sadece bir tane elma* 句が入っている構文も「その他何も食べていない」と解釈することが可能であるため、意味論的に否定構文として考えられる。

(10) a. Sabah-tan beri yi-yor-um.
morning-Abl after eat-Prog-1sng
'I have been eating since morning'
b. *Sabah-tan beri ye-di-m.
morning-Abl after eat-Past-1sng

(9b) の文法性について考えてみたい。まず注目されたいのは、(9a) と過去マーカーでマークされた (9b) との間には明らかな語用論的差異がある。両構文において、「食べていない」という状態がいまだ継続しており、発話時に話者は空腹状態である。母語話者のインフォーマントによっても 2 つの文は共に許容できると認められた。しかしながら、(9a) では「食べていない」という状態を発話者が意志的に作って実現しているという、意志を表すモーダル的な意味が含まれている。一方、(9b) の場合は過去時制マーカーで表されている「食べていない」という状態が単に叙述されているにすぎない。

次章では、なぜこのような概念がトルコ語に見られ得るのかについての説明を試みたい。

3. 否定文におけるモーダル的な用法

本章では、接尾辞 *-yor* を含む節の統語的・意味的特徴について議論したい。日本語やトルコ語のような SOV 型言語では、モダリティー形式に対する人称（主語）制限がある。この現象は、井上（1976）、Tanimori（1999）、Tenny (2005) 等で言及されている。特に、意志や願望などを表す陳述のモダリティーの場合、節の主語である経験者は 1 人称でなければならない。例えば、意志を表す日本語のモダリティーマーカー「タイ」は、(11a) で示すように 1 人称と共起し、2 人称や 3 人称と使われた場合は (11b) のように非文法的になる。

(11) a. 僕は朝まで遊びたい。
I Top morning until enjoy-Vol.Mod.
b. *彼女は朝まで遊びたい。
She Top morning until enjoy-Vol.Mod.

同様の現象はトルコ語にも見られる。トルコ語は主語と動詞の一致が顕在的であるため、意志や願望のモダリティーの構文で構文自体が語用論的に1人称の意志や願望を表している場合でも、述語動詞は人称マークされなければならない。以下の例をご覧頂きたい。

(12) a. Ben Tokyo-ya git-**se**-m.
I Tokyo-Dat go-Vol-1stpers
" **I wish** I went to Tokyo"

b. Sen Tokyo-ya git-**se**-n.
You Tokyo-Dat go-Vol-2ndpers
"**I wish** you went to Tokyo"

c. Ali Tokyo-ya git-**se**.
Ali Tokyo-Dat go-Vol-3rdpers
"**I wish** Ali went to Tokyo"

-se（意志・願望）節の主語は任意であるが、経験者は1人称でなければならない。

ここで、否定の *-yor* 節を再考したい。否定の *-yor* 節は意志・願望の解釈ができ、1人称の「意志」や「願望」しか表せないという意志のモダリティーの性質により、節の主語は1人称でなければならない。以下、新聞から採取した実例を見てみることにしよう。

(13) Cok iştahlı-yım ama hiçbir şey ye-mi-yor-um.
Lot have appetite-1stPer but anything eat-Neg-yor-1stpers
"I have good appetite but I am not eating anything (because I don't want to eat)"

Hurriyet Newspaper (08.03.2009)

(14) Oğlum-un maç-lar-ı-nı izle-mi-yor-um.
Son-Poss-1st-Gen game-Plr-Poss-Acc watch-Neg-yor-1stpers
" I don't watch my son's game, because I don't want to"

Star Newspaper (27.12.2008)

(15) Dizi-den ayrıl-an ünlü oyuncu: “Kimse-yi özle-me-di-m,
TVshow-Abl leave-NOM famous actor anyone-Acc miss-Neg-Past-1st,
kimse-yle de görüş-mü-yor-um”
anyone-with also meet-Neg-yor-1stpers
“The famous actor who left the TV show: I didn’t miss anybody, (and) I don’t see anyone (int.mean. because I don’t want to see)”

Vatan Newspaper (17.03.2009)

一方、統語的にほぼ一致しており2人称または3人称が主語である構文は、純粋なアスペクトを表す構文として解釈され、経験者の意志ではなく、事象の状況を表しているだけである[5]。

ただし、主語が無生物である (16) のような例では、否定の状態の連続のみが表されていることが明示されている、さらに、以下のような例の場合は過去の時点で始まったことが現在も続き、否定であるとは言え、構文が表している事実が変わらないため一種の超越時制の意味合いも生じる。

(16) Yumurta kolestrol yap-mı-yor
Egg cholesterol do-neg-yor-3rdpers
“Eggs do not cause cholesterol”

NTV news (12.02.2009)

4. 動詞制限

前章では、*-yor* の否定構文が表す意志または願望の意味合いについて触れた。特に意志または願望の意味は主語が一人称でなければならないということに注目したが、本章ではさらに、述語動詞の制限の有無について考察を行

[5] 2人称でマークされた述語は、意味論的/語用論的に一見命令のモダリティーの解釈ができる場合があるが、全ての場合にあてはまるというわけではない。

i. Biz partiye gidiyoruz ama sen gel-mi-yor-sun!
We party-Dat go-yor-1stPlr but you come-neg-yor-2ndpers
“We are going to the party but you are not coming (don’t come!”)
(命令のモダリティー)

いたい。

-yor の否定構文の述語動詞が他動詞である場合は、例外なく強い否定の意味合いと共に意志または願望のモーダル的な意味合いが生じる。しかし、自動詞の場合は必ずしもそのような意味合いが生じるわけではない。本節では特にどのような自動詞が否定の意志の意味を持ち、どのような自動詞が持たないかを考察したい。下に示す例で、主語は 1 人称であるにもかかわらず否定の意志のモダリティーの解釈ができない。

(17) 10 yıldır yaşlan-mı-yor-um.
10 years (for) age-Neg-yor-1stpers
"I'm not aging for 10 years"

(18) İlaçlardan sonra hiç bayıl-mı-yor-um.
Medicines-Abl after never faint-Neg-yor-1stpers
"I have never fainted since I started to use medicines"

まず (17) の場合は yaşlan-「老ける」に否定かつ進行の接辞が付加されているが、発話者が発話時点で、10年前から発話時までの年老いていないという状況を述べているのみの解釈が可能であり、純粋な完了進行のアスペクトの意味合いしかないことがわかる。また (17) と同様に (18) も bayıl-「気絶する」という動詞が否定＋進行の形を持っているが、この例でも発話者が「薬を飲み始める」という時点を状況の開始時点として設定し、その時点から気絶していないという状況を述べている。したがって、発話者である主語の意志と、動作または状況そのものの間に直接関係はないと思われる。次に自動詞述語の例として (19) を見よう。

(19) Göl kirlendiğin-den beri yüz-mü-yor-um.
Lake pollute-Abl after swim-Neg-yor-1stpers
"I haven't been swimming since the lake is polluted"

(19) の述語動詞 yüz-「泳ぐ」も (17)(18) と同様に自動詞であるが、先の 2 例と異なる点は、発話者が設定した［湖が汚染された］という時点から現在まで主語が泳ぐという行為を意図的に行っていないという意味が出ている点である。なぜこのような差異が生じるかについて考察する際、これらの自動詞がどのような相違点を持つかについて考えなければならない。トルコ語では自動詞は「非能格自動詞」（unergative）と「非対格自動詞」（unaccusative）に分けられる。前者には、動作主あるいは行為者句の意志的・意図的な動きがみられるが、後者にはそのような意志性は現れない。Nakıpoğlu-Demiralp (2002) はトルコ語の自動詞を、動作が内部から影響を受けている内部扇動（internal instigation, II）と、外部から影響を受けている外部扇動（external instigation, EI）とに分類している。そしてそれにより非能格性と非対格性が決まると主張している。以下に示した Nakıpoğlu-Demiralp (2002) の表からも分かるように、非能格動詞と非対格動詞を分ける厳密な境界線は見られないが、主語の意志がどの程度動作をコントロールしているかについて 1 ～ 5 までの 5 段階で分類されている。

表 1

Internal Instigation　　　　External Instigation

1	2	3	4	5
atla（飛び降りる）	ağla（泣く）	öl（死ぬ）	büyü（育つ）	bat（沈む）
çalış（働く）	gül（笑う）	boğul（溺れる）	yaşlan（年をとる）	çürü（腐る）
düşün（考える）	hapşır（クシャミする）	bayıl（気絶する）	buna（ぼける）	don（凍る）
koş（走る）	hıçkır（しゃっくりをする）	doğ（生まれる）		eri（解ける）
konuş（話す）	horla（いびきをかく）			karar（黒くなる）
oyna（遊ぶ）	kızar（赤くなる）			kırıl（割れる）
yürü（歩く）	öksür（せきをする）			patla（爆発する）
yüz（泳ぐ）	uyu（寝る）			sol（しおれる）

非能格　　　　非対格

Nakıpoğlu-Demiralp (2002)

Nakıpoğlu-Demiralp の自動詞区分に関する提案は正しいと思われる。特に、表中の 1 から 2 の間の非能格の自動詞は主語の意志によって実現される動詞であり、表の 3 からは徐々に主語が持つ意志性が欠けてくる。したがって、外部からの影響で、つまり意志性を持たないこのような自動詞の場合は、*-yor* でマークされた否定構文で意志のモーダルな意味合いが表れない。

5. 結論

本稿では、統語論的または形態論的にトルコ語に非常に似通っていると言われている日本語の否定文で観察されるアスペクトの用法をモデルにし、トルコ語の否定構文における進行マーカー *-yor* と過去マーカー *-dI* が表す継続している状況のアスペクトの用法を考察した。さらに、*-yor* 否定構文において述語動詞が他動詞または意志性を持つ非能格動詞に限って話者が強い意志を持っていること、つまりモダリティーの意味合いを持っている場合も存在していることも明らかになった。

トルコ語は、否定文では過去時制マーカーもアスペクトマーカー用いられるため、日本語と異なるストラテジーを持っている。なぜ否定文で見られるこれらの現象が肯定文で表れないかについては、今後の課題にしたい。

参考文献

Aksu-Koç, A. (1988). *The Acquisition of Aspect and Modality.* Cambridge University Press.

Comrie, B. (1976). *Aspect*. Cambridge University Press, Cambridge.

Givón, T. (1979). *On Understanding Grammar*. New York: Academic Press.

Givón, T. (2001). *Syntax:An Introduction Volume I*. John Benjamins Publishing Co.

Göksel, A & Kerslake, C. (2005). *Turkish: A Comprehensive Grammar*. London & New York: Routledge.

Johanson, L. (1994). "Türkeitürkische Aspektotempora". In *Tense systems in European languages*, R. Thieroff and J. Ballweg (eds.), 247–266 Tübingen: Max Niemeyer Verlag.

Kornfilt, J. (1997). *Turkish* (Descriptive Grammars) Routledge, London.

Nakıpoğlu-Demiralp-Demiralp-Demiralp M. (2001). "The referential properties of the implicit arguments of impersonal passive constructions". In Eser Erguvanlı Taylan (ed.) (2001). "*The Verb in Turkish*". John Benjamins Publishing Company, 129–150.

Machida, K. (1989). *Nihongo no jisei to asupekuto* (Tense and aspect in Japanese). Aruku, Tokyo.

Miestamo, M. (2005). *Standard negation: the negation of declarative verbalmain clauses in a typological perspective* (Empirical Approaches to Language Typology 31), Berlin: Mouton de Gruyter.

Slobin, I. and Ayhan A. Aksu (1982). Tense, Aspect and Modality in the Use of the Turkish Evidential. In *Tense-Aspect.* Hopper, Paul J. (ed.), 185 ff.

Szatrowski, P. (1983). A pragmatic Analysis of Japanese Negative Verbal Aspect Forms. *Tsukuba working papers in linguistics* 2, 48–64.

Tanimori, M. (1999). Concerning the Restriction on Person imposed by Modality (in Japanese) *Tottori University Journal of the Faculty of Education and Regional Sciences*. Educational Science and the Humanities. 285–292.

Taylan-Erguvanlı, Eser (2002). "On the relation between temporal/aspectual adverbs and the verb form in Turkish" in Eser Erguvanlı Taylan (ed.) (2001) "The Verb in Turkish". John Benjamins Publishing Company, 97–128.

Tenny, C. (2005). Evidentiality, experiencers, and the syntax of sentience in Japanese. *Journal of East Asian Linguistics* 15(3), 245–288.

金田一春彦編（1976）『日本語動詞のアスペクト』むぎ書房

工藤真由美（2004）『日本語のアスペクト・テンス・ムード体系―標準語研究を超えて―』ひつじ書房

工藤真由美（1995）『アスペクト・テンス体系とテクスト―現代日本語の時間の表現―』ひつじ書房

寺村秀夫（1984）『日本語のシンタクスと意味』（第２巻）くろしお出版

「属格の痕跡」とされるサハ語の形式について*

江畑　冬生

キーワード：サハ語、ヤクート語、属格、非句末形

1. はじめに

1.1. チュルク諸語の格の体系

サハ語（ヤクート語）はチュルク諸語の 1 つであり、ロシア連邦を構成するサハ共和国内で主に話されている言語である[1]。30余を数えるチュルク諸語の中で、サハ語はその文法構造の特異性が大きいと考えられている。その理由の 1 つが格体系の大きな違いである。チュルク諸語の多くがトルコ語同様の 6 つの格を有するのに対し、サハ語には 8 つの格が認められる。

表 1 に、トルコ語・ウイグル語・サハ語の格体系を比較する。表 1 からは、サハ語が属格を失った一方で、具格・共格・比格といった新たな格を獲得していることが見て取れる[2]。属格を失ったことはサハ語の大きな特徴である。

---

* 本稿の内容は「ユーラシア言語研究コンソーシアム年次総会」(2011年 2 月　於京都大学、ユーラシア文化研究センター）における口頭発表に基づいている。コメントを下さった方々に深く御礼申し上げる。データの一部は、2009年度～2011年度科学研究費基盤研究 (A)「地球化時代におけるアルタイ諸語の急速な変容・消滅に関する総合的調査研究」(研究代表者　久保智之教授）の支援を受けた現地調査により得られたものである。

[1] サハ語の話者数は2002年の国勢調査によれば約45万人である。サハ語の音素は次の通り：/p, b, t, d, č [t͡ʃ], ž [d͡ʒ], k, g, s [s~h], x [χ~q], ʁ, m, n, ň [ɲ], N, l, r, j; a, aa, e, ee, o, oo, œ, œœ, ɯ, ɯɯ, i, ii, u, uu, y, yy, ɯa, ie, uo, yœ/。[s] と [h] とは同一音素に属すると考えられるが、本発表では音声的隔たりも考慮し区別して表記している。ロシア語からの借用語のうち固有語化されていない語は、正書法からの転写により表記している。

[2] トルコ語およびウイグル語に見られる処格 (LOC) の形式がサハ語にも継承されているが、サハ語では用法を変化させ分格 (PART) になっている。

表 1　チュルク諸語の格体系比較

	トルコ語	ウイグル語	サハ語
NOM	yol	yol	suol
GEN	**yol-un**	**yol-ning**	—
ACC	yol-u	yol-ni	suol-u
DAT	yol-a	yol-gha	suol-ga
LOC	yol-da	yol-da	suol-la (PART)
ABL	yol-dan	yol-din	suol-tan
INST	—[3]	—	suol-unan
COM	—	—	suol-luun
CMPR	—	—	suol-laaʁar

1.2.　所有構造

サハ語を除くチュルク諸語においては、所有構造は一般に所有物名詞に所有接辞を付加し、所有者名詞は属格または主格で標示する[4]。所有物名詞に所有接辞の付加された構造を本稿では所有構造と呼ぶ。サハ語は属格を失ったため、所有構造の所有者名詞は常に主格である（所有物名詞に所有接辞が付加される点は他のチュルク諸語と変わるところは無い）。以下にサハ語の所有構造の例を挙げる。

(1)　min　　aʁa-m

私　　　父-POSS.1SG

「私の本」

(2)　keskil　　aʁa-ta

PSN　　　父-POSS.3SG

「ケスキルの父」

---

[3] トルコ語では instrumental の用法を持つ後置詞に ile がある。この形式は接辞の形 -(y)lA も有しているが，トルコ語の参照文法では格に含めないのが慣例である［Göksel and Kerslake (2005: 70) などを参照］。

[4] 林 (1995) はトルコ語について、所有者名詞が属格で標示されるものを属格表現と、主格で標示されるものを possessive compound と呼んでいる。

2. 「属格の痕跡」の出現位置と形式

前述の通りサハ語は属格を失ったが、一部にその痕跡が現れるとの考えが支配的である。この「属格の痕跡」は主として、(A) 所有構造の中間要素、(B) 所有構造を含む後置詞句中、の 2 か所に現れる。

2.1. 所有構造

「属格の痕跡」は典型的には所有構造中の中間要素に現れる。正確に言えば、3 つの 3 人称者が所有構造をなし「A の B の C」の関係にある時「B」に現れる。(3) では、「父」に付加された 1SG の所有接辞は (1) に付加された場合と形式上で違いがない。一方 (4) では、「父」に付加された 3SG の所有接辞が (2) とは異なる形式になっている。この形式がすなわち「属格の痕跡」と呼ばれるものである。

(3)　min　aʁa-m　kinige-te
　　私　父-POSS.1SG　本-POSS.3SG
　　「私の父の本」

(4)　keskil　aʁa-***tɯn***　kinige-te
　　PSN　父-GEN??　本-POSS.3SG
　　「ケスキルの父の本」

4 つの名詞が関連する所有構造「A の B の C の D」ならば、「属格の痕跡」は「B」と「C」に現れることになる。

(5)　saxa　tɯl-***ɯn***　fonetika-***tɯn***　akɯlaat-a
　　サハ　語-GEN??　音韻論-GEN??　基礎-POSS.3SG
　　「サハ語音韻論の基礎」

2.2. 所有構造を含む後置詞句

後置詞句が所有構造を含むときにも、「属格の痕跡」が現れる。サハ語の後置詞はすべて特定の格を支配する（江畑 2004）。(6) における後置詞

kurduk「～のように」は主格支配の後置詞の例である。

(6) ɯrɯa kurduk
歌 ように
「歌のように」

主格支配の後置詞が3人称の所有構造を含むとき、「属格の痕跡」が現れる。

(7) čɯɯčaax ɯrɯa-***tɯn*** kurduk
小鳥 歌-GEN?? ように
「小鳥の歌のように」

このような構造を示す主格支配の後置詞としては他に、*aajɯ*「～ごとに」、*axsɯn*「～ごと」、*dieki*「～の方に」、*innine*「～の前に」、*ihin*「～のため（理由）」、*kennine*「～の後に」、*saʁa*「～ほどの」、*saʁana*「～の時」、*ustun*「～に沿って」、*xotu*「～に沿って」、*ergin*「～のそばに、～くらいに」などがある[5]。

2.3. 形式

表2に、サハ語所有接辞の形式と「属格の痕跡」の形式とを示す。1・2人称では「属格の痕跡」は現れない。

表2 所有接辞と属格の痕跡の形式

所有接辞の形式		「属格の痕跡」の形式	
1SG -(I)m	1PL-BIt	1SG	1PL
2SG -(I)ŋ	2PL-GIt	2SG	2PL
3SG -(t)E	3PL-LErE	3SG **-(t)In**	3PL **-LErIn**

[5] これらのうちのいくつか、例えば *innine*「～の前に」や *kennine*「～の後に」はさらに形態素分析できる可能性があるが、ここでは触れない。

3. 属格をめぐって

先行研究では、当該の接辞が属格の痕跡であることには疑いがもたれていない。しかしながら筆者は3.2節で、属格の痕跡であるとの見方に否定的ないくつかの根拠を提示する。

3.1. 先行研究

本節では、Slepcov (2007) の記述に基づきサハ語における当該の接辞が先行研究においてどのように扱われてきたのかを概観する[6]。

サハ語文法研究の先駆である Böhtlingk (1851: 259) は「属格はサハ語に全く見られない」ことを述べている。一方、Jastremskij (1900: 87) は「一部の場合に属格の痕跡が残る」ことを初めて述べた。Ubrjatova (1950: 42) はその出現環境について明確化し「この古い属格接辞は、ヤクート語の格体系では失われたが、複雑イザフェット語結合 (сложное изафетное словосочетание) における中央の要素の標識としてのみ保存されている」と説いた。格の体系を包括的に扱う Vinokurov (1977: 59) は当該の接辞を「化石化した格」の 1 つとして記述した。

ロシア以外においても、当該の接辞は属格の痕跡であるとの見方は支配的になっている。Stachowski and Menz (1998: 428) は "a remnant of the genitive" と、Vinokurova (2005: 132) は "[genitive] does appear in the structural context of embedded possessors" と、Pakendorf (2007: 99) は "some vestiges of the old Turkic Genitive are still found in Sakha" と述べている。

さらに Slepcov (2007: 199) は Filippov (1989) の説として「大昔、対象物ないし人物の他の対象物ないし所有主への関係を標示するのに用いられた接尾辞が、他のチュルク諸語においては属格へと発展したが、サハ語では属格が発

---

[6] Slepcov (2007: 198) は「属格の痕跡」について最終的に次のようにまとめる：「サハ語における属格について研究者たちは 1 つの結論に達していない。Böhtlingk は『サハ語の属格のいかなる痕跡もない。それ故チュルク諸語ではこの格が［サハ語との］分岐の後に生じた可能性がある』と推測した。彼のこの言及はサハ語がチュルク祖語から最初に分岐したのだという彼の仮説と関係している。Radloff はサハ語では属格の代わりに常に不定格が用いられることを示した。彼の仮説では、属格は不必要になり使用されなくなり、後に消失したと見る。Jastremskij はサハ語において属格が存在した痕跡を発見した。多くのチュルク語学者・サハ語研究者は概ね彼の見方を取り入れている」。

達せず痕跡的形式のみが一部に残った」という趣旨の推測を紹介している[7]。

3.2. 属格と考えにくい理由

前節で見たように、当該の接辞は属格の痕跡であるとの考えが1世紀以上にわたって支配的である。これに対し本節では、当該の形式を属格とみなすことに否定的な3つの根拠を提示する。

(A) 後置詞句中の出現

属格は、当然のことながら、連体格としての性格を持つ。すなわち、基本的に属格には名詞が後続する。従って(7)のように後置詞が後続する例の存在は問題である。後置詞が後続する際に連体格が出現しなくてはならない動機が必要である[8]。

(B) 残存環境

属格がなぜ現在のような残存環境を示しているのかについても合理的な説明が難しいように思える。残存環境には2つの問題点がある。(B–1) 当該の形式は、なぜ中間要素だけに見られるのか（言い換えれば、なぜ初頭要素の属格のみが脱落したのか）。(B–2) 何故3人称のみに属格が残存しているのか。

(C) 音形

音形の面でも、当該の形式が属格由来とは考えにくい。Old Turkic（以下OT）の属格形は -(n)Vŋ であると考えられる。仮にこの音形を継承していると仮定した場合、サハ語の -(t)ın を生むためには語末において /ŋ/ から /n/ へ

---

[7] なおチュルク諸語の中で属格を欠いているのはサハ語のみである。属格の消失の原因としては、属格を欠くツングース諸語との接触が有力である。

[8] もちろん、サハ語の一部の後置詞は格接辞を取るなど名詞的な性質を有している［サハ語の後置詞について詳しくは江畑 (2004) を参照されたい］。後置詞句中にも属格が現れるのは、後置詞の名詞的性格によるのだと主張することは可能である。なお、チュルク諸語には属格支配を行う後置詞がいくつか存在する（トルコ語の *gibi* など。ただし代名詞のみ属格支配をし、普通名詞については主格支配をする）。後置詞句中にも属格が現れるのは、サハ語の後置詞が属格支配だからだ、と主張することは可能だが、その場合、サハ語の主格支配の後置詞すべてについて、（通時的に）属格支配であると見なさなければならないことになり不都合である。

の変化が生じたことを仮定する必要がある。ところが、2人称単数の所有接辞は、OT の -(V)ŋ に対し、サハ語でも依然として軟口蓋鼻音を保存し -(I)ŋ を持っている。チュルク語の /ŋ/ がサハ語で /n/ で反映することは不可能との考えは、すでに Schriefl (1912: 313) で示されているが[9]、表 3 に示すように他のチュルク諸語と比較した場合このことがより顕著である。チュルク諸語の中には、トルコ語のように、両形態素共に /n/ への変化を経た言語もあれば、トゥヴァ語のように、両形態素共に /ŋ/ を保存している言語もあるが、両形態素の末尾子音が異なる言語はキルギス語くらいである。参考のため、語末に /ŋ/ を持つ「凍る」と「千」の例も挙げる。

表 3　チュルク諸語の属格と 2SG 所有接辞

	OT	トルコ語	トゥヴァ語	キルギス語	サハ語
GEN	-(n)Vŋ	-(n)In	-NIŋ	-NI**n**	-(t)I**n**
POSS.2SG	-(V)ŋ	-(I)n	-(I)ŋ	-(I)ŋ	-(I)ŋ
凍る	toŋ-	don-	doŋ-	toŋ-	toŋ-
千	bıŋ/mıŋ	bin	muŋ	mıŋ	(muŋ)[10]

以上の 3 点より筆者は、当該の形式を属格の痕跡とは見なさない。代わりに、結論から言うと、当該の形式は 3 人称所有接辞の「非句末形」であると主張する。非句末形とは、「所有物を表す名詞が、句末以外の位置に現れる場合に用いられる所有接辞の異形態」のことである。次節では名詞節中の述語の形式についての共時的考察からこの点を吟味する。

4.　従属節における主語の人称・数の標示

従属節中の主語の人称・数は、所有接辞またはコピュラ接辞により標示される。以下では主語の人称・数が所有接辞により標示されるケースとして、連体修飾節と名詞述語を持つ名詞節を手掛かりに、問題の形式の出現が統語的環境、すなわち句末か否か、と関係することを示す。

---

[9] この事実は Ščerbak (1977: 35) でも触れられてはいるが、何故か従来の研究では顧みられることがなかった。

[10] ただしこの語形は現代のサハ語では用いられることはない。

4.1. 連体修飾節

連体修飾節中の主語の人称・数は、底の名詞（＝被修飾名詞）に付加された所有接辞により標示される。例えば (8) では、連体修飾節中の主語に対応する 1 人称単数の所有接辞が「本」に付加される。

(8)	min	aax-pɯt	kinige-m
	私	読む-VN.PAST	本-POSS.1SG
	「私が読んだ本」		

形式のみから見れば、(8) の「私」と「本」とは所有構造同様の関係にあるかのようである。しかしながら、次の 3 人称の例では、所有構造との違いが現れる。

(9) では、連体修飾節中の主語が 3 人称の所有構造になっている。この時には非句末形は現れず、通常の所有接辞が必ず選択される。(9) のような 3 人称の例からは、連体修飾節の主語と底の名詞との関係が、所有構造とは異なるのだと分かる。

(9)	keskil	aʁa-**ta**	aax-pɯt	kinige-te
	ケスキル	父-POSS.3SG	読む-VN.PAST	本-POSS.3SG
	「ケスキルのお父さんが読んだ本」			

4.2. 名詞述語を持つ名詞節

名詞述語を持つ名詞節では、名詞述語に所有接辞を付加することで名詞節中の主語の人称・数を標示する。つまり「A が B であること」は「A B-poss」のように表される。

(10)	kini	kim-***e***	miexe	naada-ta	suox
	彼	誰-POSS.3SG	私: DAT	必要-ABE	ない: COP.3SG
	「彼が誰であるのか、私には必要のないことだ」				

例文 (10) における名詞節の主語は 3 人称代名詞の *kini*「彼」で、述語が

kim「誰」である。意味を考慮せず形式面のみから考えると、「AがBであること」は所有接辞による名詞句「AのB」を形成しているに過ぎず、従って従属節とは言えないのではないかという反論もありえる。しかし(11)のように「A」の部分を所有構造に置き換えてみると、「AがBであること」におけるAとBとの関係が、所有構造とは異なることが、非句末形が現れないことにより明らかでなる。

(11) kini　aʁa-***ta***　bɯraah-ɯ-n　bil-li-m
　彼　父-POSS.3SG　医者-POSS.3SG-ACC　知る-NPAST-1SG
　「私は彼の父親が医者であることを知った」

例文(11)において、名詞節中の主語は*kini aʁata*「彼の父親」、述語は*bɯraas*「医者」である。もし仮に両者が所有構造を成すのだとすれば、「父」は非句末の位置にあることになり所有接辞の非句末形が現れるはずである。ところが実際には非句末形は現れない。つまり*kini aʁata*「彼の父親」と*bɯraas*「医者」とはそれぞれ独立した名詞句であることがわかる。両者の構造とその産む意味を対比して示す。

[全体が1つの所有構造]
(12) kini　aʁa-***tɯn***　bɯraah-a
　彼　父-POSS.3SG　医者-POSS.3SG
　「彼の父の医者」

[2つの名詞句による名詞節]
(13) kini　aʁa-***ta***　bɯraah-a
　彼　父-POSS.3SG　医者-POSS.3SG
　「彼の父が医者であること」

4.3. 非句末形の共時的解釈

以上の共時的分析から、3人称の所有接辞に関して次のようにまとめることができる。

(A) 3人称所有接辞は、その付加する名詞が句末の位置に無い時に現れる異形態（＝非句末形）を有する。

(B) 3つ以上の名詞が含まれる所有構造中あるいは後置詞句中では、所有接辞の付加する名詞は句末の位置にないから、非句末形が選択される。

(C) 連体修飾節の主語および名詞節の主語が所有構造を取る際、それらは句末の位置を占めるから、非句末形は現れない。

5. 音形の説明

3.2節で、当該の接辞を属格由来と考えるには音対応の面で疑念が残ることを述べた。それでは、この形式の由来は何であるのか。筆者の考えを以下に述べたい。そのためには、所有接辞および格接辞にかんする以下の2つの交替規則が鍵になる。

(A) サハ語の3人称の所有接辞は、格接辞が後続する際に広母音が狭母音へと交替する。例えば(14)における3SG所有接辞の母音 /a/ は、後に与格接辞または奪格接辞が後続する際に /ɯ/ となっている。この交替はいかなる格接辞が後続する際にも生じる。

(14)	aʁa-t**a**	aʁa-t**ɯ**-gar	aʁa-t**ɯ**-ttan
	父-POSS.3SG	父-POSS-3SG-DAT	父-POSS-3SG-ABL

(B) 所有接辞に格接辞が後続する際、一部の格接辞の頭子音が /n/ を持つようになる。(15)では、母音に後続する際の共格接辞の頭子音は /l/ だが、所有接辞に後続する際には /n/ で現れている。(16)では、母音に後続する際の比格接辞の頭子音は /t/ だが、所有接辞に後続する際には /n/ で現れている。このような /n/ をチュルク諸語の研究では pronominal ‘n’ と呼んでいる[11]。

[11] チュルク諸語における pronominal ‘n’ は、所有接辞と格接辞との間に /n/ が挿入されるトルコ語のようなタイプと、接尾辞頭子音が /n/ に置き換わるサハ語のようなタイプとがある。

(15) aʁa-**l**ɯɯn　　aʁa-tɯ-**n**ɯɯn
父-COM　　父-POSS.3SG-COM

(16) aʁa-**t**aaʁar　　aʁa-tɯ-**n**aaʁar
父-CMPR　　父-POSS.3SG-CMPR

以上の例と並行的に考えると、属格の痕跡は、「所有接辞＋ pronominal ‘n’＋属格」を由来とし、そこから属格のみが脱落し「所有接辞＋ pronominal ‘n’」の部分のみが残ったのだと考えるのが最も妥当なように思える。3人称単数は (17) のような、3人称複数では (18) のような過程を辿ったのだと想定できる。

(17) A-GEN　　B-**(t)ɪ-n**-GEN　　C-POSS.3SG　→
A　　B-**(t)ɪ-n**　　C-POSS.3SG

(18) A-GEN　　B-**LErI-n**-GEN　　C-POSS.3SG　→
A　　B-**LErI-n**　　C-POSS.3SG

この考えは、何故所有構造の中間要素にのみ当該の形式が残存しているかを最もよく説明できる。ただし残る問題としては、後置詞句中に現れる非句末形について通時的に説明しきれない点がある。この点については、非句末形であるとの規則が後置詞句にも平準化したのだという推測は成り立つが、今のところ、直接の説明は困難である。

6.　結論

「属格の痕跡」とされる形式を属格由来と考えるのには否定的根拠がいくつかある。本稿ではむしろ当該の形式が現れないケースを観察しその共時的性格を明らかにした。

共時的結論としては、当該の形式は所有接辞の異形態の1つであり、3人称所有接辞の非句末形と呼べる。非句末形は句末以外の位置に現れるという制約から、所有構造の中間要素および後置詞句中に現れる。

通時的結論としては、当該の形式は「所有接辞＋pronominal ‘n’」であると見なせる。この形式は、属格が後続していたことの痕跡とは言えるが、属格自体の痕跡とは言えない。

略号

ABE	欠如の接尾辞	INST	具格
ABL	奪格	LOC	処格
ACC	対格	NOM	主格
CMPR	比格	NPAST	近過去
COM	共格	PART	分格
COP	コピュラ	POSS	所有接辞
DAT	与格	VN.PAST	形動詞過去
GEN	属格		

参照文献

Böhtlingk, Otto. (1851) *Über die Sprache der Jakuten*. St. Petersburg. [Reprinted in 1963, Indiana University Publications, Uralic and Altaic Series, vol. 35. The Hague: Mouton.].

江畑冬生（2004）「サハ語（ヤクート語）の後置詞」林徹・梅谷博之編『チュルク系諸言語における接触と変容のメカニズム 研究調査報告』1–16. 東京大学人文社会系研究科・文学部言語学研究室.

Filippov, G. G. (1989) *Саха тылыгар предикативнай падежтааһын*.［サハ語における述語的格接辞付加］Якутскай.

Göksel, Aslı. and Kerslake, Celia. (2005) *Turkish. A comprehensive grammar*. London/New York: Routledge.

林徹（1995）「現代トルコ語の Possessive Compound について」『東京大学言語学論集』14号、463–479.

Jastremskij, S. V. (1900) *Grammatika jakutskogo jazyka*. Irkutsk.

Pakendorf, Brigitte. (2007) *Contact in the prehistory of the Sakha (Yakuts): Linguistic and genetic perspectives*. Utrecht: LOT.

Schriefl, Karl. (1912–13) Der Genetiv im Jakutischen und Verwandtes. *Keleti Szemle*. 13, 48–84, 278–319.

Ščerbak, A. M. (1977) *Očerki po sravnitel’noj morfologii tjurkskix jazykov (imja)*.

Leningrad: Nauka.

Slepcov, P. A. (2007) *Саха тылын историята.* [サハ語の歴史] Дьокуускай: СГУ.

Stachowski, Marek and Menz, Astrid. (1998) Yakut. In: Johanson, Lars and Csató, Éva Ágnes (eds.) *The Turkic languages*. 417–433. London: Routledge.

Ubrjatova, E. I. (1950) *Issledovanija po sintaksisu jakutskogo jazyka. I Prostoe predlozhenie*. Moskva-Leningrad: Nauka.

Vinokurov, I. P. (1977) *Саха тылыгар падеж систематa.* [サハ語における格の体系] Якутскай: ЯГУ.

Vinokurova, Nadezhda. (2005) *Lexical Categories and Argument Structure. A study with reference to Sakha*. Utrecht: LOT.

トルコ語とウズベク語の疑問接語 mI/mi の文法的ふるまいについて*

吉村　大樹

キーワード：トルコ語、ウズベク語、疑問接語、統語論、形態論

1. はじめに

現代トルコ語（以下、単に「トルコ語」と記す）では、いわゆる yes/no 疑問文を表示する疑問接語 mI[1] は文中にある程度自由に生起し、特定の語（または構成素）のみを話者が有する疑問の特定のフォーカス[2] として限定す

---

* 本稿は吉村 (2009e) に大幅な加筆・修正を加えたものである。各研究会、学会で有益なコメントを下さった方々、匿名の査読者の各氏に心からの感謝の意を表したい。とりわけ、有益な助言とコメントをくださった菅山謙正氏に特に謝意を表する。また、本稿で用いたウズベク語の例文は、引用元が明示されているものを除いて、2名のウズベク語インフォーマント（22歳男性、48歳男性）に文法性の判断を仰いだ。各氏のご協力にもかかわらず、本稿における過失は当然のことながら全て筆者に帰するものである。なお、本研究は大阪大学世界言語研究センター「民族紛争の背景に関する地政学的研究」プロジェクト、ならびに筆者が研究協力者として参加している科研費基盤研究 (C)「発展した New Word Grammar による現代英語の構造の包括的研究」（課題番号：23520587、研究代表者：菅山謙正）（敬称略）の支援を受けている。

本稿で言うウズベク語とは、いわゆるタシケント方言に基づく標準ウズベク語を指す。本稿におけるウズベク語の表記は、ウズベキスタン共和国成立後1995年に制定されたラテン文字表記で表わすことにする。若干のずれが時として観察されるものの、基本的に各文字はそれぞれ一定の音素に対応している。各文字（括弧内は小文字）と対応する音素は以下の通りである。A(a)=/a/, B(b)=/b/, D(d)=/d/, E(e)=/e/, F(f)=/f/, G(g)=/g/, H(h)=/h/, I(i)=/i/, J(j)=/ʒ/(/dʒ/), K(k)=/k/, L(l)=/l/, M(m)=/m/, N(n)=/n/, O(o)=/ɔ/, P(p)=/p/, Q(q)=/q/, R(r)=/r/, S(s)=/s/, T(t)=/t/, U(u)=/u/, V(v)=/v/, X(x)=/x/, Y(y)=/j/, Z(z)=/z/, O‘(o‘)=/o/, G‘(g‘)=/ɣ/, Ch(ch)=/tʃ/, Sh(sh)=/ʃ/, Ng(ng)=/ŋ/. 標準ウズベク語のラテン文字正書法については、Tog‘aev (et al.) (2004) を参照されたい。また、本文中の例文のグロスのうち、Q は疑問接語 (interrogative clitic) を指し示す。

[1] トルコ語については母音調和効果があることを反映して、本発表では慣例に従い音韻形態表記を使用する。すなわち、疑問接語 mI はその変種として mi, mü, mı, mu の4種の代表形として表示される。ウズベク語にはトルコ語と類似した母音調和効果の有無という点で議論の余地があるが、少なくとも表記上は母音調和効果が反映されない。

[2] 本稿では「疑問のフォーカス」という概念を、ごく簡潔に「話者が聞き手に対して質問したい部分」と定義しておく。また、多くの WH 詞についての分析で用いられる「スコ

るという特徴をもつことで知られている。一方、トルコ語と同じくチュルク諸語に属する現代ウズベク語（以下、同様に「ウズベク語」と記す）にもやはりトルコ語の mI ときわめて類似した形式・機能を有する疑問接語 mi が存在するが、この疑問接語の生起位置は常に文末の述語位置にとどまり、トルコ語と違い文中に遊離するような現象は見られない。統語論的振る舞いに関する限り、この点は両者の大きく異なる点である。しかし、このことだけをもって両言語の疑問接語が文法的に異質であるとひとたび結論付けてしまうと、両者の機能的な共通点、つまりどちらも疑問文の標識であることをうまく説明できないことなど、様々な記述上の問題点が生じてしまうことになる。

そこで本稿では、以下の点を主張する。

(1) a. トルコ語とウズベク語の疑問接語 mI/mi は統語上一見異なる文法的振る舞いを示しているが、実際には形態・統語的ふるまい・機能のどちらの面でも極めて類似した特徴を有している。

b. Sezer (2001) に代表される句構造を用いた枠組みを踏襲して、トルコ語の疑問接語を直前の語に対する主要部であると説明すると単純に結論づけることにはいくつかの問題がある。

c. トルコ語では疑問接語は文末・文中のどこに位置しても常に述語に統語的に支配されると同時に、形態論的には直前の語に支配されている。

d. 上述 (1c) の主張はウズベク語でも等しく適用される。すなわち、疑問接語は述語に生起位置を統語的に規定されつつ、同時に音韻・形態論上も述語を含む語形内部の序列規則の制約を受ける。

e. 以上のことは、きわめて強い主要部後置の傾向を有するトルコ語、ウズベク語両言語において矛盾する結果を生むように見えるが、形態論的枠組みによる生起位置の決定が統語的語順に優先されると仮定することにより、理論的にも問題は生じない。

以下、第 2 節ではトルコ語、ウズベク語の疑問接語の形態論・統語論的振る

ープ」という用語と明確に区別することにする。この点について重要な指摘をしてくださった査読者氏に謝意を表する。

舞いについて観察し、第 3 節で両者が典型的な語、あるいは屈折接辞でもない接語という独立したカテゴリーとしてとらえられることを確認する。第 4 節ではトルコ語の疑問接語について生起位置を問わず形態・統語的振る舞いが統一的に記述できることを論じ、この節で導入した分析がウズベク語にも適用可能であることを第 5 節で論じる。本稿のまとめは、第 6 節で行う。

2. 観察

以下の例文 (2a,b) に見られるように、トルコ語、ウズベク語において一般疑問文（または、yes/no 疑問文）を表示するには疑問接語 mI/mi をそれぞれ用いる。日本語でも疑問を示す標識として用いられる不変化詞「か」があり、両言語の疑問接語の機能はかなりの程度これに類似していると考えてもよい。しかし、トルコ語、ウズベク語の mI/mi は他の WH 詞とは共起しないという点で日本語の「か」とは振る舞いが異なる。

(2)　(トルコ語)

a.　Siz　kahvaltı　ye-di-niz mi?
　　2複　朝食　食べる-過去- 2 複 Q
　　「朝食を食べましたか？」

b.　ウズベク語
　　Siz　nonushta　qil-di-ngiz-mi?
　　2複　朝食　する-過去- 2 複 Q
　　「朝食を食べましたか？」

また、(3) の例からトルコ語の疑問接語 mI は文中に遊離して特定の語（または句）に後接し、その語句を疑問のフォーカスとして限定することがわかる。以下、便宜的に疑問のフォーカスが限定されている箇所を和訳の下線部で示すことにする。

(3)　a.　Ali　kitab-ı　Ayşe-ye　ver-di mi?
　　アリ　本-対格　アイシェ-与格　与える-過去 Q
　　「アリは本をアイシェに渡しましたか？」

b. Ali　kitab-ı　Ayşe'ye mi　ver-di?
アリ　本-対格　アイシェ-与格 Q　与える-過去
「アリは本をアイシェに渡したのですか？」

c. Ali　kitab-ı mı　Ayşe'ye　ver-di?
アリ　本-対格 Q　アイシェ-与格　与える-過去
「アリは本をアイシェに渡したのですか？」

d. Ali mi　kitab-ı　Ayşe'ye　ver-di?
アリ Q　本-対格　アイシェ-与格　与える-過去
「アリが本をアイシェに渡したのですか？」

一方 (4) の各例から、ウズベク語では話者の意図する疑問のフォーカスがどこであっても、疑問接語 mi は常に文末部分周辺に生起しなければならないことがわかる。

(4) a. Dilshod　kitob-ni　Anor-ga　ber-di-mi?
ディルショド　本-対格　アノル-与格　与える-過去-Q
「ディルショドは本をアノルに渡しましたか？」

b. */?? Dilshod　kitob-ni　Anor-ga-mi　ber-di?
ディルショド　本-対格　アノル-与格-Q　与える-過去
(意図：「ディルショドは本をアノルに渡しましたか？」)

c. */?? Dilshod　kitob-ni-mi　Anor-ga　ber-di?
ディルショド　本-対格-Q　アノル-与格　与える-過去
(意図：「ディルショドは本をアノルに渡しましたか？」)

d. */?? Dilshod-mi　kitob-ni　Anor-ga　ber-di?
ディルショド-Q　本-対格　アノル-与格　与える-過去
(意図：「ディルショドが本をアノルに渡しましたか？」)

(3)(4) を見る限りでは、ウズベク語の mi とトルコ語の mI は形態、あるいは統語的振る舞いが全く違うものであると記述するだけで十分のように見えるかもしれない。しかし両者が yes/no 疑問文を表示する機能を有しているという共通性や、両者ともに形態論上は接辞的性格を有する統語上の独立した単位であるという形式的な類似性を考慮に入れると、互いに全く異質の文法的振る舞いをすると説明するだけでは不十分である。本稿の目的は、生起位置の範囲の広さを除き、両者はきわめて類似した形態・統語論的性質を有していることを明示することである。

ところでトルコ語・ウズベク語両言語の疑問接語を観察すると、両者は(屈折)接辞(inflectional suffix)と言うよりも、接語的性格が強いことがわかる。定義上、接語が統語的性質を有する(つまり、他の語とは統語的に独立している)とすれば、その統語関係はどうなっているかを明示する必要があるだろう。どちらの言語でも、接語はそれ自身が接している語(つまり、直前の語)と何らかの形で関係があると思われるが、後述するようにトルコ語の mI の場合は、さらに文の述語とも何らかの関係を有していると考えることができる。例えば (3b) では、mi は直前の与格名詞 Ayşe と動詞 verdi の 2 語に対して何らかの形態的、または統語的関係を有していることが予想される。もしそうであるとすると、具体的にはどのような関係がこれらの間にあると言えるのか、別の言い方をすればどのような形態論的関係があるのか、また統語的関係があるとすればそれはどのような関係と言えるのかということが問題点として存在する。

トルコ語、ウズベク語の双方に共通して見られる、強い主要部後置の傾向を考慮に入れれば、あるいはいわゆる生成文法の枠組みにおいて、疑問のスコープを表示するために疑問詞が前接する統語範疇を構成素統御(c-command[3])するという前提に立つのであれば、一見してウズベク語の疑問詞 mi は直前の語を支配しているという単純な結論が導かれるように見えるかもしれない。しかし、後述するように単純にそのように結論付けただけでは、両言語における疑問接語の共通性は明らかにならない。むしろ、トルコ

[3] 構成素統御という概念については生成文法に関連する各種文献を参照されたいが、ここでは下図に表示するように、ごく簡潔に mI が前接する統語範疇を構成素統御するとき、mI を直接支配する節点 α が mI に前接する任意の統語範疇 β を支配していると考える。

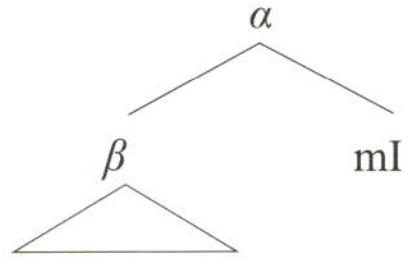

なお、この図では β 以下の構造は省略し、三角形で表示している。

語・ウズベク語両方の疑問接語の生起位置は純粋に統語論的制約だけで説明するのではなく、形態論的説明をも考慮に入れた枠組みによって説明されるべきであるというのが本稿における主張である。具体的には、トルコ語のmI、ウズベク語のmiは通常の統語論ではその生起位置が説明できないといういわゆるZwicky (1977)の用語で言うspecial cliticであるが、その一方で統語的には語の一種であるため、文中のいずれかの語と何らかの統語的関係も形態論的関係と同時に有していると考えたい。特にトルコ語のmIについては文中における生起位置が必ずしも自由ではなく（Besler 2000, Yoshimura to appear in 2011）、不適切な位置による非文法性を説明するためには統語的関係を認定しておく必要がある。

3. 接語としてのトルコ語、ウズベク語のmI/mi

トルコ語のmIについては直前の語と母音調和し形式が変化する点、音韻論上アクセントを受けない点、直前の語の選択制限が緩く、名詞や動詞、後置詞など様々な語に後接することができるという事実、また文中の生起位置によっては不連続構成素を形成し、当該の文が非文法的になる（cf. Besler 2000, Yoshimura to appear）といった観察により、接語の一種であるという主張が広く受け入れられている（Lewis 1967, Kornfilt 1997, Göksel and Kerslake 2005等）。本稿ではこれらの主張を支持し、以後トルコ語のmIを統語的には独立性の強い単位でありながら、音韻・形態論上は別の要素の部分的な性格を強く有する単位として、接語とみなすことにする。あわせて、ウズベク語のmiも単なる屈折接辞ではなく、接語であるかどうかを一応明らかにしておく必要がある。本節では、具体例を提示してこのことを確認しておきたい[4]。

すでに伝統的な記述文法においては、ウズベク語のmiを接語の一種とみなしている（Sjoberg 1963, Bodrogligeti 2003）が、管見の限りではその根拠となっているのは音韻論的強勢位置に関するただ1点のみである。つまり、(6)で示すように接辞にはアクセントが起こる可能性があるが、接語は決してアクセントを受けないというのがその理由である。

---

[4] 以下の議論は、吉村（2009）に基づく。

(6) Bu-ndan kichik-roq radio YO'Q-mi?
これ-奪格 小さい-比較 ラジオない-Q
「これよりもっと小さいラジオはないですか？」

もちろんこのことが mi を接語とみなす重要な根拠の 1 つであるのは間違いない。しかし、屈折接辞などと接語を概念的に明確に区別するとことを考慮に入れて、さらに接語たりうる形式的な根拠を明らかにしておく必要がある。以下、いくつかの根拠を示しておきたい[5]。

まず根拠の一つとして、mi が要求する宿主（host）となる語の選択制限の「緩さ」が挙げられる。(7) で示すように、接語はそれ自身が接する語としてどのような語であるかという制限が弱いが、逆に屈折接辞のほうはこの制限が強い。

(7) a. Ular student-lar-mi?（mi は名詞に後接）
彼ら 学生-複数-Q
「彼らは学生ですか？」
b. Karim-ning telaffuz-i yaxshi-mi?（mi は形容詞に後接）
カリム-属格 発音- 3 単 よい-Q
「カリムの発音はきれい（よい）ですか？」
c. Bu kitob student-lar uchun-mi?（mi は後置詞に後接）
この 本 学生-複数 ために-Q
「この本は学生たちのためのものですか？」

すでに (4) の例から、mi は動詞述語に後続することが明らかであるが、(7a) では名詞述語、(7b) では形容詞述語、さらに (7c) では後置詞がそれぞれの文の述語になっている。このとき、いずれの場合でも mi は問題なくこれらの

[5] トルコ語の mI が直前の語の最終音節の母音の種類に従い母音調和をするのに対してウズベク語の mi は直前の語の最終音節がどのような母音であろうと表記上は変化しない。このことは、一見ウズベク語の mi が接語であることを裏付ける根拠となるように見えるかもしれない。しかし、ウズベク語において多くのチュルク諸語とは異なり、事実上いかなる屈折接辞も母音調和を示さないため、少なくともウズベク語において母音調和の有無をもって統語的独立性が強いということにはならないことには注意する必要がある。

語に後続できる。つまり、ウズベク語では疑問詞 mi はどのような語を選択し、後接できるかという点で、自らが接する語類（word class）の選択制限が緩い。したがって、たとえば動詞の文法的カテゴリーを表す屈折接辞であるとみなすよりも、述語一般に後続するような統語的独立性の強い接語といったほうがより適切であると考えることができる。

次に、接語と屈折接辞との相対的な生起位置が根拠として挙げられる。通常、接語は通常は屈折接辞の外側に起こり、それよりも内側には生起しないとされている。したがって、たとえば英語の属格接語 's を例にとっても、children's とはなっても屈折接辞の一種とされる複数形が属格接語に後続して *child's-es とはならないし、また *child'sren などといった形式も同様の理由で許されない。ウズベク語の mi と屈折接辞との相対的な位置についても、やはり同様のことが言える。(8) から明らかなように、動詞の文法カテゴリーの一種である人称を表す屈折接辞（ここでは 2 人称複数形 -ngiz）と mi の相対的な位置について見てみると、人称屈折接辞 -ngiz は必ず動詞述語により近接していなければならず、*qildimingiz のように疑問接語が先行すると、文法的ではなくなる。

(8)	Nonushta	qil-di-ngiz-mi?	/*qil-di-mi-ngiz?
	朝食	する-過去- 2 複-Q	する-過去-Q- 2 複
	「朝食は食べましたか？」		

ただし、ウズベク語では後述の (9a) のように動詞のアスペクトが -gan 接辞によって表示される場合、疑問接語と人称語尾の相対的な位置がどちらであっても許容される場合がある。したがって、mi が人称語尾 siz に先行するような例は、一見すると今述べた根拠に対する反例のように見えるかもしれない。しかし、ここでの人称語尾形式は (8) のように定過去接辞 -di が用いられた時の人称接尾辞とは異なる形式的性質を持っている。つまり、(9a) の -siz は (7) における -ngiz と文法的意味が同じであると言うことはできるが、形式的単位としては全く異質のものであると考えられる。要するに -siz も疑問詞 mi と同様、接語の一種と考えられるのであるが、そのように考えればなぜ両者の相対的な位置がどちらも文法的に容認されるのか説明がつく。つ

まり、通常接語は屈折接辞よりも外側に生起するという言語一般的な傾向があり、ウズベク語の人称語尾もこの傾向に逸脱しない範囲で接語どうしの相対的な位置の変更が許容されるということである[6]。

(9) a. Siz hech Tarix Muzey-ga bor-gan-mi-siz?/bor-gan-siz-mi?
2複 今まで 歴史 博物館-与格 行く-完了-Q-2複 / 行く-完了-2複-Q
「あなたは歴史博物館に行ったことがありますか」

b. Siz futbol-ni yaxshi ko'r-a-siz-mi? / ??ko'r-a-mi-siz?[7]
2複 サッカー-対格 よい 見る-現在-2複-Q 見る-現在-Q-2複
「サッカーは好きですか？」

また (9b) から、テンス・アスペクトを表示する接辞（いわゆる TAM 形式）の種類によっては接語代名詞と疑問接語の適切な順序はより固定的であることがわかる。

以上の観察と考察から、本稿ではウズベク語の mi も、トルコ語の mI と同様に接語の一種として扱うことにする。mi を統語的性質を有する単位として認めるとすれば、次にこれらが具体的にどのような形態的、統語的ふるまいをするという説明を与えるかが問題になってくる。そこで次節以降、もう少し具体的な議論を行っていくことにしたい。

4. トルコ語における疑問接語の統語関係と音韻・形態論的位置づけ[8]

第2節の (3) の各例で示したように、トルコ語の疑問接語 mI は文末だけではなく文中にも生起することが可能である。この事実は、mI が文で直接・間接的に全ての語を統語的に支配する語、つまり述語に他の語と同様に支配

---

[6] このように人称語尾との相対的位置がある程度緩い場合、意味上の違いが現れるかどうかは興味深い問題であるが、現在のところそのような違いがあるかどうか、筆者には確認できていない。

[7] 筆者が参照したウズベク語インフォーマントの1人より、ウズベク語の方言によってはこの種の TAM 接辞が選択された場合でも疑問接語が人称語尾に先行するような発話が見受けられるという指摘があった。ただし、この場合でも人称語尾は接語代名詞の一種であり、必ずしも疑問接語が接語代名詞に後続しなければならないわけではないと説明できるため、上述の主張に対する反例とはならない。

[8] ここでの議論は、Yoshimura (2011b, to appear) に基づいている。

されているからであると考えると説明がつく。再び、(10) に (3) の例の一部を再掲しておく。

(10)	a.	Ali	kitab-ı	Ayşe-ye	ver-di mi?
		アリ	本-対格	アイシェ-与格	与える-過去 Q
		「アリは本をアイシェに渡しましたか？」			
	b.	Ali	kitab-ı	Ayşe'ye mi	ver-di?
		アリ	本-対格	アイシェ-与格 Q	与える-過去
		「アリは本をアイシェに渡したのですか？」			

(10a) では mI は文末に生起し、動詞述語に後接しているが、(10b) では文中に生起し、固有名詞 Ayşe-ye に後接しており、トルコ語において疑問接語 mI が文末だけでなく文中にも生起する典型的な例といえる。ここでまず考えるべき問題は、文中における mI の他の語との統語関係はどのようなものか、ということである。

一見すると、この問題は簡単に見えるかもしれない。つまり、トルコ語が相当に強い主要部後置の傾向があることを踏まえ、疑問接語が直前の語（または句）に対する主要部であるとするのである。たとえば、Sezer (2001) では実際に疑問接語を直前の語に対する主要部であるという分析が提案されている。たしかに、単純にそうしておけば mI は前接する統語的範疇を（句構造の枠組みでいえば）構成素統御することになるので、話者が文中の要素のうちどの部分を聞きたがっているかという疑問のフォーカスを視覚的に表示することができる。また、いわゆる主要部後置の強い傾向にも逸脱しないということになる。

しかしこれらの利点にもかかわらず、この分析は実際にはトルコ語で疑問接語が文末に生起する場合のみにしか適用されておらず、文中に疑問接語が生起するときにこの分析が維持できるかを検討しなければならない[9]。また、

[9] 実際、文中に mI が生起する場合には、mI が前接する語に対する統語的主要部であるということだけでなく、mI を主要部とする統語範疇が他の統語範疇とどのような関係にあるかを説明するのが（不可能ではないであろうが）困難であるように思われる。たとえば (4b) において、仮に Ayşe'ye mi の部分を mi が主要部であるような統語範疇（補文標識句、あるいは別のラベルで表示すべき統語範疇と見なされる可能性もあるかもしれない）とし

構成素統御という考え方そのものは（生成文法の）理論的前提に基づくものであって、この考え方の存在それ自体が mI を統語的主要部とする根拠とはならないことを指摘しておきたい。

本稿における提案は、文末・文中のいずれの位置に生起するのであっても、mI は文の述語、すなわち verdi に統語的に直接支配されているということである。別の言い方をすれば mI の統語的主要部は文の述語である、とすることである。たとえば、以下のような例からこの仮定は支持されると考えられる。

(11) a. Çay mı kahve mi iste-r-siniz?
チャイ Q コーヒー Q 望む-現在-2複
「チャイになさいますか、それともコーヒーになさいますか」

b. Hasan mı Deniz mi bil-mi-yor-um, ama …
ハサン Q デニズ Q 知る-否定-進行-1単 しかし
「ハサンなのかデニズなのか私は知らないが（…）」

c. *Hasan mı dün mü İstanbul-a mı git-ti mi?
ハサン Q 昨日 Q イスタンブル-与格 Q 行く-過去 Q
（意図：「ハサンが昨日イスタンブルに行ったの？」）

d. Kim dün İstanbul-a git-ti?
誰 昨日 イスタンブル-与格 行く-過去
「誰が昨日イスタンブルに行ったの？」

(11a) より、いわゆる選択疑問文において疑問接語が生起するとき、その数は 1 つとは限らない。これは (11b) のような間接疑問文においても同様である。つまり、疑問接語が文中にいくつ具現化するか、またどのようなタイプの疑問文として文が発話されるかは mI ではなく述語（または、述語が究極

たところで、固有名詞 Ayşe に意味役割を与えるのは mi ではなく、さらに上位にあるはずの動詞句であるあるはずである。しかし実際には、当該の統語構造では動詞が直接意味役割を与えられる位置にはないので、Ayşe を移動させるか、あるいは動詞 ver- を移動させるなど、何らかの理論的な操作が必要であろう。なお、後述するように Besler (2000) や Aygen (2007) などでは生成文法の枠組みを保持しつつ、それぞれ独自の構造・分析を提案している。

的に担う発話行為的意味）が決定すると考えることができる。ある語が文中に生起するか、またいくつ生起するかはそれらの語を統語的に支配する主要語が決定するという立場に立つと、(11c) のような例が非文法的であることも説明できる。すなわち、主要語である述語動詞が自らの支配するどの語を疑問の焦点とするかを決定しており、(11c) のようにすべての語を mI で焦点化することはできないことが説明できる。また、(11d) のように kim「誰」、ne「何」といった疑問詞が用いられる疑問文とも統語構造の観点で並行的な説明が与えられる。つまり、(11d) において kim は動詞 gitti に対する主語であるから、統語的には kim が gitti に支配されている。したがって、一般疑問文において疑問接語 mI が述語に支配されているのと同じ統語関係であると言うことができる。

さて、ここでふたたび (10a) の例に立ち返ることにしたい。先ほどの説明によれば、疑問接語 mi が述語動詞 verdi に後続していても、mi の統語的主要部は verdi であるということになる。これは一見するとトルコ語における主要部後置の傾向に反しているように見える。しかし、このことは後述でも明らかにするように、mi が接語として、統語的関係に優先してでも自らの生起位置を形態論的枠組みで決定される、と説明することにより正当化できる。問題は疑問接語を形態論的枠組みで説明するとは具体的にどうするのかということであるが、本稿では Hudson (2001)、Hudson (2007) で提案された、「ホスト・フォーム」（host-form）という概念を導入したい。簡潔に説明すると、語形（word form）にはさまざまな種類のものがあるが、その一種としてトルコ語に通常の語形ではなく、通常の語形に接語形式（clitic form）を１つ（以上）含む「通常の語形より大きな」語形が存在する、と考えるのである。この語形がホスト・フォームであり、接語が別の語に形態的に接していること、あるいは接語が２つ以上連なり、いわゆるクリティック・クラスタを形成するとき、どちらの接語が先行するかといった問題を語形内部の形態素配列論によって説明しようというのである[10]。(10a) の例では、verdi と

[10] このことから、ここで言うホスト・フォームは、必ず１つの語形と１つのクリティック・フォームを含む形式であるということになる。また本文でも述べたように、ホスト・フォームの内部にはクリティック・フォームが２つ以上来る場合もある。たとえば後述 (12b) の例では、述語部分のホスト・フォームは疑問接語の {mi} の他に、接語代名詞のクリティック・フォームである {sunuz} も含んでいる。

mi は統語的には別々の独立した語彙（これらを仮に VER-、mI と表示する）が具現化したものであり、それぞれ独自の語形として {verdi} と {mi} として具現化すると仮定しよう。これと同時に、形態論上でさらに両者が複合的に {verdimi} というホスト・フォームを形成していると考えるのである。ホスト・フォームが語形（word-form）の下位タイプであるとすると、少なくともトルコ語・ウズベク語には語形の内部構造として、いかなる語にも厳密な形態素配列規則があり、語形の一種であるホスト・フォームもこの特性を継承し、内部に形態素配列規則を有すると考えることができる。

このように考えることにより、トルコ語での述語の接語代名詞と疑問接語の相対的な位置の説明も可能になる。つまり、たとえばトルコ語でなぜ (12a) は文法的であるのに、(12a′) が非文法的であるのかが説明できるようになる。すなわち、-niz は屈折接辞であり、接語である mI よりも外側に生起することができないことが説明できる。

(12) a. gel-di-niz mi?
来る-過去- 2 複 Q
「(あなたは) 来ましたか？」
a′. *gel-di mi-niz?
来る-過去 Q- 2 複
(意図：「(あなたは) 来ましたか？」)
b. gel-iyor mu-sunuz?
来る-進行 Q- 2 複
「(あなたは) 来ますか？」
b′. *gel-iyor-sunuz mu?
来る-進行 2 複-Q
(意図：「(あなたは) 来ますか？」)

本稿の前半で述べたように、基本的に接語は屈折接辞の外側に生起しなければならないが、2 人称複数接辞 -niz は屈折接辞であり、mi は疑問接語であるから、-niz が mi に後続すればホスト・フォーム内部の形態論的規則により非文法的な形式として排除される。同様に、(12b)(12b′) の文法性の差も明らかである。つまり、(12b)(12b′) の場合は疑問接語 mu, 接語代名詞 sunuz のいずれも接語であり、この相対的な順序はホスト・フォーム内部の形態素配列論で疑問接語が接語代名詞に先行しなければならないことが明確に規定されていることによる、と考えることができる[11]。したがってこの先行関係を守っていない (12b′) は文法的な形式でないことが予測できるのである。

ホスト・フォームという概念を用いて、動詞述語と疑問接語が形態論的に関与する場合にどのような説明が与えられるかをここまで見てきたが、この形態論的な説明は当然 (10b) のように疑問接語が文中に生起する場合にも必要なものであると考えられる。たとえば、(10b) で疑問接語は与格語尾を伴う Ayşe'ye に後接し Ayşe'ye mi という形式となっているが、疑問接語と与格語尾の相対的位置が逆転しない（したがって *Ayşe'miye などという形式は文法的ではない）のはホスト・フォーム（つまり {Ayşe'ye mi}）内部の厳密な内部要素間の序列規則が守られた結果であるということができる。

ホスト・フォームという概念の導入に対しては、一見その場しのぎの概念にみえるかもしれないが、これに対してはホスト・フォームといわゆる複合語の語形の構造が並行的に論じられるという利点があると反論できる。トルコ語でも語どうしの複合 (compounding) は頻繁に見られるが、たとえば BABAANNE「父方の祖母（＝父の母）」という語彙（lexeme）が語形として {babaanne} を有するとすると、この語形は内部にさらに {baba}、{anne} といった独立した語形を有している。要するに、ある語形の中に 2 つ（以上）の語形が含まれていることは実際にあり得ることであり、そうであればホスト・フォームも接語という統語的には独立した要素を内部要素として有しているという点で、複合語に近い内部構造をしているということができる。

ここまでの議論は、(13) のようにまとめられる。

(13) a. トルコ語では疑問接語 mI が文末に生起して文の述語と形態論的に関与する際、統語的には文の述語を主要部とする。一方で、その生起位置は接語形式を内部要素とする「より大きな語形」（ホスト・フォーム）における序列規則によって決定される。

[11] トルコ語において、文末に mI が生起する際の接語代名詞との相対的位置をどのように説明するかについては、Yoshimura (2005) を参照されたい。

b. トルコ語において疑問接語が文中に生起する際でも、やはり疑問接語は文の述語に統語的に直接支配されている。つまり、疑問接語の生起位置、またはその数は文の述語が決定している。その一方で疑問接語はやはり自らが後接する語とともにホスト・フォームを形成し、その内部での形態論的序列規則に従わなければならない。

(13) の立場は、たとえば mI が文中に生起する場合は名詞句または後置詞句と姉妹位置に生起するが、属格名詞句、動詞句などと生起する際にはそれらの主要部に接辞として付着すると説明している Besler (2000) とは、mI をいかなる意味でも統語的主要部であると考えない点では共通しているが、本稿の分析は文末・文中にそれぞれ生起する場合の構造が異なるとは考えない点、形態論的規則も疑問接語の生起位置を決定すると考え、特に（述語）動詞と接する場合に基底生成された位置から動詞句の上位の統語範疇に移動するといった操作を必要としない点で対立する。Besler (2000) の分析では、文中の名詞句や後置詞句では独立した統語的単位でありながら、動詞や属格名詞句と共起する場合は接辞であるということになり、疑問接語の扱いが 2 重標準的であるという問題があるが、これに対して本稿の分析では疑問接語の言語単位が文中のどこに生起しても同じ扱いができるという点で優れているということができる。一方、Aygen (2007) では文中の任意の位置に mI が基底生成され、その後 yes-no 疑問文のときには潜在的な移動（covert movement）を経て任意の位置に生起するという説明が与えられている。彼女の分析と本稿の手法とを比較すると、mI が文中のどの位置にあろうと直前の要素に対する統語的主要部とは考えない点は共通しているが、mI が移動を伴うという考え方は異なっている[12]。彼女の分析は興味深いが、同時に mI が接語であるということによる音韻・形態論的特徴を明示するための理論的装置をさらに必要とするという課題があるといえる[13]。すでに見てきた

---

[12] Aygen (2007) では疑問接語が移動すると考える根拠として否定極性項目との共起制限などを具体的に挙げていることは注意しておく必要がある。このことについて本稿の立場からどのような説明を与えるかを論じるには多くの紙幅を必要とするため、本稿では議論を行わず、別の機会に委ねることにする。

[13] Aygen (2007) には、さらに mI の生起位置が最終的にどこでなければならないかを説明しなければならないという統語論上の課題も残っている。Aygen (2007)、また Besler

ように、本稿の分析ではこのことが問題なく表示できている。

以上のことから、トルコ語における疑問接語が文のどこに生起する場合でも、統語論・形態論両面から生起位置を説明する必要があることを述べてきた。すでに述べたように、(13a) に示したように疑問接語が統語的に直前の語に支配されているとみなすと、いわゆる主要部後置のパターンに逸脱してしまうという説明上の問題がある。これについてはウズベク語の議論の後に述べることにするが、要するに形態論的制約が統語論的制約に優先されることになる、というのが筆者の主張である。ここまでトルコ語の疑問接語 mI の形態・統語的振る舞いについて議論してきたが、次節でウズベク語の疑問接語 mi に関して、トルコ語の mI とどのような並行性があり、そのことはどのように説明できるのかを検討することにしたい。

5. ウズベク語の考察

本節では、ウズベク語における疑問接語に関連する統語関係について考察する[14]。

5.1. 述語との統語的関係

もしウズベク語の mi が語の一種であるとする第 2 節での議論が正しければ、多くの語と同様、ウズベク語の疑問接語も文中で他の語と何らかの統語的関係を有するはずである。では、具体的にどのような関係であると言えるだろうか。ウズベク語の mi がトルコ語の mI と異なり、文中には生起しないことから、ウズベク語の mi が統語的関係を他の語に対して有しているとすれば、それは常に直前の語（動詞、形容詞、あるいは名詞などの述語）であるということは間違いなさそうである。

ただしトルコ語と同様に、統語的関係と同時に mi が音韻・形態論上では別の語の一部となっていることを念頭に置く必要がある。つまり、音韻・形態論的事実を、統語的な主要部・補部の関係とは明確に独立したものとして考える必要がある。また、第 4 節でのトルコ語に関する議論と同じく、統語的関係が認められるからといって、mi が必ずしも統語的に直前の語に対す

(2000) に対する対案は、筆者の別稿（Yoshimura to appear）でもう少し詳細に論じている。

14 本節の議論は、吉村 (2009a) に基づいている。

る統語的主要部であると決めつけることはできない。たとえば前節で提示した例文 (9a) では、述語部分 borgan という動詞の形式において完了形接辞 -gan が選択されている。これに伴い、たとえば 2 人称接語代名詞 siz と疑問接語 mi が後続する場合、borgansizmi のように疑問接語が接語代名詞に後続するなら問題ないが、この形式とは別に borganmisiz も文法的として許容されることを確認した。問題は、これらの中に 3 つの統語的に独立した単位、すなわち borgan, mi, siz が存在するとすれば、どの単位がどの単位に対して統語的関係を有するかを考えなければならないということである。これらの統語的関係については、後の議論で明らかにすることにしたい。

まず疑問接語と述語部分との統語関係に注目すると、ある任意の語に疑問接語が後続し、両者が統語的関係を有するとすれば、主要部がどちらかという問いに対しての解答は、理論的立場に関係なく言及が必要であると思われる。ここでの説明の可能性は 2 通りある。言うまでもなく、主要部後置の強い傾向がそのまま適用され、mi が統語的主要部であるとする考え方と、それとは逆に一般的な傾向を破棄しつつ、疑問接語のほうが直前の述語に依存している（つまり、統語的に支配されている）という考え方である。本稿では第 3 節における議論からも明らかなとおり、ウズベク語の疑問接語も統語的には直前に生起する述語を主要部とすると主張する。以下、このことについて説明することにしたい。

ウズベク語で mi が直前の語を統語的に支配しているとみなす場合、いくつか解決しなければならない問題がある。最初の問題は、これまで述べてきたように mi と直前の語とがどのような文法関係を表示しているかが明確にできないということである。後述するように、この問いに対する解答の可能性の一つとして、純粋に mi が述語部分を補語（complement）として要求していると言うことはできるかもしれない。しかし、以下の議論で明らかにするように、両者の関係がそうであるとする積極的な根拠は、ウズベク語における強い主要部後置の傾向を保持するという点をのぞいて存在しない。

また、先ほど述べたように、仮に mi が述語に対する主要部であるとし、接語代名詞は述語を統語的主要部にすると仮定した場合、mi と接語代名詞の間に直接的な統語関係があるかどうかについても考慮しなければならないであろう。さもなければ、場合によっては形態論上問題がないにもかかわらず、述語内部で不連続構成素が起こることになるという新たな理論上の問題を生み出すことになる。この問いに対して、はたして明確な解答を導き出すことが可能かは不明に思われる。少なくとも筆者には mi と接語代名詞が統語的関係を有しているという経験的な根拠が見当たるとは考えられない。

このことと関連して、疑問のフォーカスをどのように表示するかという問題がある。仮に、mi が直前の語を疑問のフォーカスに入れるとし、それが統語的にも反映されるとするならば、やはり mi が直前の語に対する統語的主要部であると言えるかもしれない。しかし、疑問のフォーカスを与える関係がそもそもそのまま統語的に反映されるかどうかということ自体、考察および議論が必要な現象であり、この議論を尽くしたところで最終的に明快な回答が出る可能性はそれほど高くない。また、フォーカスの表示の問題を除けば、mi が統語的主要部であるとする主張の妥当性は証明が困難である。

一方、強い主要部後置の傾向に反して、ウズベク語の mi は統語的に直前の述語部分に支配されている（つまり、mi と述語に関しては主要部が先行することになる）と考える可能性について考えてみたい。まず、その根拠となりうる点の一つは、ある語が生起するかしないかを決定するのはその語を統語的に支配する主要語が決定するという前提に立つと、mi が生起しなくても文脈によって文（または発話と言ってもよい）が成立する場合があるということである[15]。つまり、疑問接語の有無は構文の成立に関与しないのである。これには、構文の成立そのものが mi なしでも成立するという意味だけでなく、ある程度厳しい語用論的制約がある（つまり、談話の状況がかなり限定される）ものの、以下のように実際の会話における yes/no 疑問文においても、mi が省略されることがありうる、という意味でもある。下の例文 (14) は話者 A の質問に対して別の話者 B が聞き返している場面の会話であるが、結果として B の発話は話者 A に対して yes/no のいずれかを要求する疑問文となっているにもかかわらず、ここでは疑問詞 mi は用いられていない。

---

[15] 査読者氏より、このことが根拠になるには理論上音形を持たない形式が存在することを認めるかどうかという問題が深く関与するというご指摘をいただいた。筆者の立場としては具現化されない形式を全く認めないわけではないが、(14) の例における B の発話に関しては mi が省略されている根拠は存在しないとここでは考える。

(14) A: Men uy-ingiz-ga kel-moqchi-man.
私 家-2複-与格 来る-意志-1単
「私、あなたの家にお邪魔したいです」
B: Siz kel-moqchi-siz?
2複 来る-意志-2複
「あなたが来たい（の）？」

疑問接語 mi が具現化されるかどうかは、少なくとも発話時の文脈に大きく依存することであると考えられるが、(14) の例を考慮に入れると、この発話が yes/no 疑問文の一種であるにもかかわらず、mi が動詞部分を統語的に支配しているという根拠は、少なくとも表面的には見当たらない。むしろトルコ語において疑問接語の具現が別の要素に支配されていたのと同様のことがウズベク語にもあてはまると言うことができる。

以上のことと関連して、2点目の根拠として疑問文が自らの疑問文を標示する要素として mi を選択するのか、それ以外の疑問詞を選択するのかは述語、あるいは述語によって表わされる文脈によって決定されるということが挙げられる。

(15) a. Siz uy vazifa-si-ni tugat-di-ngiz-mi?
あなた 家 仕事-3単-対格 終える-過去-2複-Q
「(あなたは) 宿題を終えましたか？」
b. Men kecha kechququrun kel-di-m. Sen-chi?
私 昨日 晩 来る-過去-1単 君-Q
「私は昨日の晩来ました。君は？」(Bodrogligeti 2003: 1017)
c. Bor-a-san-a?
行く-現在-2単-Q
「(どうやら君は) 行ってしまうということだね？」(Bodrogligeti 2003: 1017)
d. Siz O‘zbekiston-da nima qil-a-siz?
あなた ウズベキスタン-位格 何 する-現在-2複
「あなたはウズベキスタンで何をしますか（する予定ですか）？」

e. *Siz O‘zbekiston-da nima qil-a-siz-mi?
あなた ウズベキスタン-位格 何 する-現在-２複-Q
(意図：「あなたはウズベキスタンで何をしますか（する予定ですか）？」

(15) の各例から明らかなように、ウズベク語において疑問を表す要素は必ずしも mi によってのみ具現化されるのではない。(15a) のような mi を用いた yes/no 疑問文の他、聞き手の疑問に対して同じ内容を聞き返す疑問文のときには (15b) のように -chi が用いられる。同様に、付加疑問文のニュアンスを含める場合には (15c) のように -a、あるいはより典型的な例として、(15d) に代表される nima「何」、あるいは kim「誰」、qanday「どのように」などといった、いわゆる疑問詞が疑問文に用いられることがあるが、いずれの疑問詞が用いられた場合も、構文で疑問詞が別の語に対する統語的主要部となっているようには見えない。もしそれでも mi を主要部であるとするならば、mi とその他の疑問詞とを区別して説明しなければならなくなる。なぜなら、mi は述語を支配する語なのに対して、WH 詞は述語の補語あるいは付加語として述語に支配される語となってしまうからである。このように両者を統語的に全く異なる振る舞いを示すとする説明は、両者が類似した機能をもつという説明から遠ざかることになりかねない。むしろトルコ語と同じく、疑問接語と疑問詞をできるだけ統一的に扱うという観点に立つならば、これらの例から疑問接語であろうが疑問詞であろうが、いずれも述語に統語的に支配されていると考える方がうまくいくように思われる。

もう一つの問題は、トルコ語の場合と同様、疑問接語を述語部分における主要部であると考えると、述語部分に関連する各要素間の統語関係が複雑化しすぎるということがある。たとえば (9a) では、述語動詞 borgan, 疑問接語 mi、そして２人称接語代名詞 siz が統語的に独立しているとすると、３語間の統語関係をどう説明するかがきわめて難解なものになる。もし３語とも統語的性質を有する語の一種であるとするのが正しいならば、たちまち疑問接語は述語と接語代名詞どちらの主要部といえるのかなど、極めて複雑な統語関係を考えなければならなくなる。最悪の場合、述語部分内部で統語的な不連続構成素が生じていることになるが、それにもかかわらず述語部分の形式は文法的であるという可能性が生じる。もちろんそれにもかかわらず文法的であることを別の方法で説明するのであれば問題はないかもしれないが、そのように不必要に説明を複雑にするよりは、述語部分が接語代名詞と疑問接語の両方を統語的に直接支配している（両接語に対する主要部である）とすれば、統語的な不連続性を生じることにはならず、説明はより簡潔になるはずである。

最後に、(4) の各例から明らかなように、ウズベク語の疑問のフォーカスはトルコ語の場合と異なり mi が移動するのではなく、単純に特定の語に対して音韻論的強勢がもたらされることによって表示されるということを指摘しておきたい。ここから明らかなことは、統語的関係は疑問のフォーカスを直接表示する手段にはなり得ないということである。(16) では、音韻論的強勢を受ける部分を太字の大文字で表示しているが、これは話し手が聞き手に対してどの部分（の内容）を質問しようとしているかを反映したものである。

(16) a. Siz O‘zbekiston-da **TUG‘IL-GAN**-mi-siz?
あなた ウズベキスタン-位格 生まれる-完了-Q- 2 複
「あなたはウズベキスタンで生まれましたか？」

b. **SIZ** O‘zbekiston-da tug‘il-gan-mi-siz?
あなた ウズベキスタン-位格 生まれる-完了-Q- 2 複
「あなたがウズベキスタンで生まれたのですか？」

c. Siz **O‘ZBEKISTON-DA** tug‘il-gan-mi-siz?
あなた ウズベキスタン-位格 生まれる-完了-Q- 2 複
「あなたはウズベキスタンで生まれたのですか？」

(16) の各例では、音韻論的強勢を受ける部分が大文字で表示されている。これらの例はそれぞれ同じチュルク諸語であっても、トルコ語の疑問接語 mI とウズベク語の mi とでは疑問のフォーカスの表示の仕方が全く異なることを示している。先ほど本節の最初に、mi を直前の語を支配する主要部であるという主張の根拠に、mi が疑問のフォーカスを表すということがありうると述べた。しかしながら、このことは mi が統語的主要部であることを示す根拠にはなりえない。つまり、ウズベク語においては疑問のフォーカスの表示は音韻論的強勢によって具現化されるのであって、統語的な支配関係にこのようなフォーカス関係が反映されているとは断言できない。

ところで、ウズベク語の疑問接語が有する統語的関係について、なぜトルコ語の疑問接語と違い、文中に生起することがないのかを説明する必要がある。これについては、本稿の考察から以下のような回答を提示しておきたい。すなわち、トルコ語ではある意味で疑問接語の語彙としての独立性が高く、文の述語も疑問接語を任意の場所（ただし、実際に現れる語順上必ず述語より前に生起する要素）に要求することができる。一方でウズベク語の場合、疑問接語は接語としてある程度統語的独立性はあるが、トルコ語の mI と比べるとそれほど生起位置の自由度は高くなく、文それ自体が疑問文であるということの標識的な役割しかないため、文の述語は常に自らに後接させる形で mi の生起位置を支配していると考えると説明がつく。その一方で、いずれの言語においても、疑問接語が音韻・形態論的事実とは独立して、統語的に述語に支配されているという点では共通しているということになる。

5.2. 音韻・形態論的説明

前節では、ウズベク語の疑問接語にとって、直前にある述語が統語的主要部であると考えることの利点を述べた。トルコ語では疑問接語の生起位置を説明するのに統語論、形態論両面からの説明が必要であることを論じたが、本節はウズベク語でもやはり音韻・形態論的に mi が接語としてホスト・フォームの一部を形成する要素であることを確認しておきたい。

(17) で示すように、ウズベク語では述語が動詞である場合、動詞語幹に後続して表示される時制／相／法接辞（以下、TAM 接辞）の種類が何であるかによって、人称語尾と疑問接語との相対的な位置が変化するという現象がある。

(17) a. kel-gan-mi-siz? / kel-gan-siz-mi? （TAM I 型）
来る-完了-Q- 2 複　来る-完了- 2 複-Q
「(あなたは) 来ましたか」

b. kel-a-siz-mi? / *(??) kel-a-mi-siz? （TAM II 型）
来る-現在- 2 複-Q 来る-現在 -Q- 2 複
「（あなたは）来ますか」

c. kel-di-ngiz-mi? / *kel-di-mi-ngiz? （TAM III 型）
来る-過去- 2 複-Q 来る-過去-Q- 2 複
「（あなたは）来ましたか」

d. kel-ay-mi? / *kel-mi-y? / *kel-mi-ay? （TAM IV 型）
来る-願望 1 単-Q 来る-Q-願望 1 単 来る-Q-願望 1 単
「（私）来ましょうか」

ウズベク語の TAM 接辞の種類により変化する人称語尾は、大きくは下の表 1 で示すように 4 つの系列に区分することができる。それに伴い、(17) で示したように人称語尾の系列のうちのどれが選択されるかにより、疑問接語と人称語尾との相対的な位置が変化する。したがって第 4 節の議論と同じく、疑問接語を含むホスト・フォームという概念をウズベク語においても応用し、ホスト・フォーム内部の形態素配列論を認定することが可能である。

表 1　ウズベク語の人称語尾の系列

	I	II	III	IV
1sg	-man	-man	-m	-ay (-y)
2sg	-san	-san	-ng	—
3sg	—	-di (-ti)	—	-sin
1pl	-miz	-miz	-k	-aylik (-ylik)
2pl	-siz	-siz	-ngiz	-ing (-ng)
3pl	-lar	-dilar (-tilar)	-lar	-sinlar

ウズベク語に於けるホスト・フォームの形態素配列論は、たとえば (18) のように記述することができる。

(18) a. 述語形式 < TAM（I 型）< 接語代名詞 < Q（Q < 接語代名詞も可）
b. 述語形式 < TAM（II 型）< 接語代名詞 < Q

（話者により Q < 接語代名詞も可）

c.　述語形式 < TAM（III 型）< 人称接辞 < Q

d.　Predicate < TAM（type IV）< personal suffix < Q

(18) の各序列規則において、TAM は時制／アスペクト／ムードを表す任意の形式を指す。(18a) より、たとえば (17a) では述語形式 {kel-} にまず TAM 形式である {gan} が後続しているが、この段階で次に疑問接語、接語代名詞のいずれが生起してもよいことが保証されている。(18b) より、(17b) では II 型の TAM 形式として {a} が選択されているが、このとき（一部の話者を除いて）基本的には接語代名詞が疑問接語に後続しなければならず、両者の相対的位置が入れ替わった場合は容認性の判断が落ちる。(18c) より、(17c) のように III 型の TAM 形式 {di} が選択された場合は次に疑問接語よりも必ず先に屈折接辞 {ngiz} が選択されると定められており、違反した場合は非文法的な形式となる。IV 型についても、人称接辞が疑問接語に先行すると定められている (17d) の規則に照らし合わせて、(18d) で示した文法的な形式が予測できる。

以上、ウズベク語の疑問接語の音韻・形態論上の特性は、統語的関係とは別に記されるべきことを述べた。このことは、一見すると統語的に生起位置を決定されるという前節の主張と矛盾するように見えるかもしれないが、屈折接辞としての人称語尾との相対的位置の説明、また音韻論上強勢位置が疑問接語の有無に応じて変化することを考えれば、やはり統語的説明とは別に明らかにされておかなければならない。

6.　統語的主要部位置と形態論的位置との関係について

ここまで、統語上、トルコ語、ウズベク語いずれの例においても文の中心は述語部分、mi/mI は接語として音韻・形態論上述語の一部であるが、統語的には単純に述語に依存していると考えるべきであると主張してきた。

本稿の分析を採用することにより、3 つの利点があることを主張したい。まず 1 点目は、先ほど述べたように、ウズベク語の mi と違って文中に遊離することができるトルコ語の mI との形式的、または機能的な共通性が明示的に説明できるということである。つまり、トルコ語では文中・文末に関係なく mI は述語に統語的に依存しているとみなすことが可能であり、疑問のフォーカスは mI の統語的振る舞いもちろん関与するものの、究極的には音韻論上で具現化される。このことにより、強勢が mI の前に来るということをも統一的に説明する動機が生まれる。一方、ウズベク語では mi の可能な生起位置は文末だけであるが、やはりトルコ語と同様 mi は音韻・形態論上も統語的にも述語に依存していると考えることができる。ここでも疑問接語によって表わされる疑問のフォーカスは究極的には音韻論的に（強勢を与えるという方法で）具現化され、mi は文末にとどまって構文が疑問文であることのみを表示するということができる。

2 つ目の利点は、「ホスト・フォーム」（host-form）という概念を用いることで、接語代名詞との相対的位置を容易に説明できるということである。疑問接語が文末で生起する場合においてトルコ語、ウズベク語両方で問題になるのは、人称語尾との相対的位置をどのように説明するかということである。この問題は人称語尾が接語であろうと接辞であろうと統語的要素であるという前提が原因で複雑になると考えられる。この場合はそれぞれの要素が接語かあるいは屈折接辞であるかを判定し、その生起位置を統語的にだけではなく形態論上の形態素配列論によっても決定すると考えれば、理論的にも全く矛盾することなく TAM 接辞、人称接語、そして疑問接語の生起順序のパターンを一般化できる。

3 つ目の利点として、mI/mi ともに述語に統語的に依存しているため、他の WH 詞との共通点が明示できることが挙げられる。すなわち、トルコ語、ウズベク語それぞれにおいて、疑問接語とそれ以外の ne/nima（「何」）や kim/kim（「誰」）といった他の WH 詞と、いずれも疑問文を形成する素性を有していること、またはいずれも統語的には文の述語に依存しているということが統一的に説明できるようになる。

ここまで展開してきた説明に対して、なぜ疑問接語の生起位置[16]が他の統語的パターン、つまり主要部後置という傾向から逸脱するとしなければならないのか、その動機が問われるかもしれない。たしかに、(19a) で示すよう

---

16 筆者の主張においては、疑問接語とあわせて人称を示すいくつかのタイプの語尾も主要語後置のパターンから逸脱することになる。この議論については、拙稿（Yoshimura 2009）を参照されたい。

にウズベク語だけを見ても、たとえば強調をあらわす ham のように、音韻・形態論上は接語のような特徴を有しつつ、その統語的ふるまいは通常の主要部後置（つまり、men ham は ham が men に対する主要部）を逸脱していないと説明することで十分と思われるものもある。しかし、これまでの議論からもすでに明らかなように、直前の語との関係で mi のほうが統語的主要部であるとするべき積極的な証拠が乏しい点で、(20a) で用いられている取り立ての接語 ham のようないわば simple clitic とは形式的振る舞いが決定的に異なると言うことができる。つまり、mi は純粋な統語論的枠組みだけではその生起位置を説明できない special clitic（Zwicky 1977）の一例であり、形態論的説明が統語論的関係に優先されていると考えられるのである。

これはトルコ語、ウズベク語の mI/mi だけに適用されるような、単なるその場しのぎのものではなく、ヨーロッパの言語などでよく見られるものである。たとえば (19b) はフランス語の例を引用したものであるが、ここでは en の生起位置を統語的に説明しようとすると、たちまち en と deux との不連続構成素がなぜ許容されるのかが問題になる。しかし、en を special clitic であるとすることにより、その生起位置の説明は形態論に委ねられることになり、en mange という「ホスト・フォーム」内部の形態素配列論の枠組みで説明可能であり、これが統語的支配関係に優先されている。

(19) a. Shahar-ga men ham bor-a-man.
街-与格 私 も 行く-現在-1単
「街には私も行きます」（ウズベク語）（Waterson 1980: 173）

b. Paul en mange deux.
ポール それを 食べる 2つ
「ポールはそれらのうち2つを食べる」（フランス語）（Hudson 2001: 263）

本稿でこれまで述べてきたウズベク語の mi の生起位置、統語的ふるまいの説明は、まさにこの意味において special clitic の共有する性質をもっているとすることで可能となる。

7. おわりに

本稿の考察により、以下のことを明らかにした。まず、本稿で提示した各種の例文から明らかなように、トルコ語、ウズベク語ともに多くのチュルク諸語と同様、統語的には強い主要部後置の傾向がある。したがって、この主要部後置という傾向をデフォルト、つまり通常の統語的関係とする。疑問接語を直前の要素に対する主要部であるとひとまず仮定することはできる。しかしその場合トルコ語、ウズベク語どちらの言語においても、生起位置の説明が困難な場合があることを確認した。本稿では統語的関係とは別に、接語が形態論的にはより大きな語の一部であることを明示し、統語的説明と音韻・形態論的説明を複合的に導入することにより、その相対的位置の説明が可能となることが本稿の考察によって明らかになった。

ウズベク語の mi, トルコ語の mI 両者ともに疑問をあらわすという機能を有するという点で共通している接語であり、それに伴い統語的特質、また同時に音韻・形態論的特質を有する。あわせて、どちらも多くの simple clitics とは異なり通常の統語論的な説明では位置の説明ができない special clitics であるとみなすことができる。このことはそれぞれの言語の統語論におけるデフォルトの前後関係に優先される形で、述語のほうがこれらに対する統語的主要部であるである点で共通した形式的振る舞いをしている、という説明で正当化することができる。

なお、本稿では疑問文のフォーカス位置、あるいは疑問のスコープをどのように表示するべきかについては紙幅の関係もあり論じなかった。本稿の分析の方向性に基づく疑問のフォーカス位置の考え方については、すでに Yoshimura (2011a) で概略を紹介しているが、構成素統御に基づく説明との理論的な比較については、稿を改めて論じることとしたい。

参考文献

Aygen, Gülşat (2007) Q-particle. *Journal of Linguistics and Literature* **4**–1, Mersin University, 1–30.

Berdak, Y. (2002) *O‘zbek Tilini O‘rganamiz (We learn the Uzbek Language)*. Tashkent, O‘qituvchi.

Besler, D. (2000) Soru eki -mI'ning sözdizimsel özellikleri. In Özsoy, S. and Erguvanlı-Taylan, E. (ed.) *XIII. Dilbilim Kurultay Bildirileri*. İstanbul, Boğaziçi. 65–70.

Bodrogligeti, A. (2003) *An academic reference grammar of modern literary Uzbek*. Munchen: Lincom.

Boeschoten, H. (1998) Uzbek. In Johanson, L. and Csató É. (eds.) *The Turkic Languages*. London: Routledge, 357–378.

Čamdžić, A. and Hudson, R. A. (2007) Serbo-Croat Clitics and Word Grammar. *Research in Language* **5**, University of Lotz. 5–50.

Coskun, V. (2000) *Özbek Türkçesi Grameri*. Ankara: Türk Dil Kurumu Yayınları.

Hudson, R. A. (1990) *English Word Grammar*. London: Blackwell.

(2001) Clitics in Word Grammar. *UCLWPL* **13**. 243–297.

(2007) *Language Networks*. Oxford: Oxford University Press.

(2010) *An Introduction to Word Grammar*. Cambridge: Cambridge University Press.

Sezer, Engin (2001) Finite inflection in Turkish. In Erguvanlı-Taylan, E. (ed.) *The Verb in Turkish*. Amsterdam: John Benjamins.

Sjoberg, A. (1963) *Uzbek Structural Grammar*. Bloomington: Indiana University.

Yoshimura, T. (2005) On the order of the TAM marker, the question particle *mI* and the personal suffix in Turkish. *Kobe City University Journal* **56**–2, 195–211.

Yoshimura, T. (2006) The Treatment of Agglutination in Turkish witin a Framework of Word Grammar. *Papers of Kobe City University of Foreign Studies* 9: 31–55.

吉村大樹（2007a）「トルコ語の属格名詞の独立性と疑問接語の生起位置」. 日本言語学会第134回大会口頭発表論文.

吉村大樹（2007b）「ウズベク語の疑問詞 mi—Word Grammar による説明—」. 2007年度大阪外国語大学言語社会学会研究大会口頭発表論文.

吉村大樹（2009）「ウズベク語の疑問接語 mi の文法的振る舞いについて—Word Grammar による分析—」.『大阪大学世界言語研究センター論集』1. pp. 155–184.

吉村大樹、エルタザロフ・ジュリボイ（2009）『ウズベク語文法・会話入門』. 大阪大学世界言語研究センター.

Yoshimura, Taiki (2009a) Does the interrogative clitic *mi* in Uzbek head the predicate? In Kang, Yong-Se (*et al.*). *Current Issues in Linguistic Interfaces* 1, 235–246.

Yoshimura, Taiki (2009b) How *NWG* explains agglutination in Turkish. Paper read at the workshop *New Word Grammar at work* (organizer: Kensei Sugayama).

吉村大樹（2009e）「トルコ語とウズベク語の疑問接語 mI/mi は文法的に異質か」.

『平成20年度報告書』. 大阪：大阪大学世界言語研究センター．113–141.

Yoshimura, Taiki (2011a) The ‘errant’ scope of question in Turkish: A Word Grammar account. Paper read at the International Conference on Dependency Linguistics.

Yoshimura T. (2011b) Syntactic Independence of the Genitve Noun and the Position of the Interrogative Clitic in Turkish: A Word Grammar Account. In Sugayama (ed.) *Kyoto Working Papers in English and General Linguistics.* **1**. 3–29.

Yoshimura T. (To appear) The position of the interrogative clitic in Turkish: A Word Grammar account. Paper read at the 15th International Conference on Turkish Linguistics.

Waterson, Natalie (1980) *Uzbek-English Dictionary.* New York: Oxford University Press.

Zwicky, Arnold (1977) *On Clitics.* Bloomington: Indiana University Linguistics Club.

トルコ語における疑問詞を含む文のピッチパターンと韻律範疇の形成*

佐藤　久美子

キーワード：トルコ語、疑問詞、ピッチパターン、韻律範疇、疑問詞

はじめに

本論文では、トルコ語において、疑問詞を含む文のピッチパターンを記述し、それを派生する仕組みについて議論する。まず、疑問詞を含む文の基本的なピッチパターンを示し、それに関わる音韻規則を仮定する。そして、直接疑問文と間接疑問文、複数の疑問詞を含む文におけるピッチパターンを観察し、問題となる規則の適用領域がどのように決定されるのか、という問題に取り組む。

ここでは、Selkirk (1986)、Nespor and Vogel (1986)、Hayes (1989) によって提唱された韻律音韻論を理論的枠組みとする。韻律音韻論では、音韻規則の適用領域として、韻律範疇と呼ばれる音韻論的な単位が仮定される。いくつの韻律範疇を仮定するかは、研究者によって若干異なる。ここでは、Selkirk (1986) の仮定 (1) を提示する。(1) の仮定は、現在広く受け入れられているものである。

---

* 本稿を執筆するにあたって、査読者に、厳密かつ意義深い意見をいただいた。深く感謝する。なお、本稿は、九州大学大学院人文科学府に提出した博士論文「小林方言とトルコ語における音調の研究―『一型アクセント』はどう実現するか―」（2011年）の一部に加筆・修正したものである。なお、本研究は、科学研究費補助金基盤研究A「地球化時代におけるアルタイ諸語の急速な変容・消滅に関する総合的調査研究」（課題番号21251006、研究代表者：久保智之）（2009年度〜2010年度）の助成を受けて行われた。

コンサルタント

Duygu Karbağ、27歳、生後17年間 İzmit に在住、その後 Akçay へ、26歳から現在まで岡山に在住。

(1) (   ) 発話
(   )(   ) イントネーション句
(   )(   )(   )(   ) 音韻句
(   )(   )(   )(   )(   )(   ) 韻律語

(1) の他にも、個別言語の研究において、いくつかの範疇が仮定されている。例えば、東京方言の研究では、音韻句が Major Phrase と Minor Phrase と呼ばれる二つの韻律範疇に分けて仮定されている。

第 2 節以降では、これまでに述べた考え方を前提とし、韻律範疇がどのように形成されるのかという問題を議論する。この問題について、Selkirk (1986) は、韻律範疇は統語範疇の末端のみを参照して形成されると主張する。これは「末端理論」と呼ばれる。本稿では、トルコ語における疑問詞を含む文のピッチパターンを記述すると同時に、韻律範疇の形成において、どのような統語的情報が参照されているのかという理論的な問題にも取り組む。

1. トルコ語における韻律語の形成

1.1. トルコ語のアクセントとピッチパターン

トルコ語のアクセントは、Lees (1961)、Lewis (1967)、Sezer (1981) などの多くの研究者によって記述されている。多くの固有語は規則的なアクセントを持ち、外来語や地名、副詞などは「例外的」なアクセントを持つことが知られている。以下では、それぞれのピッチパターンを観察する。

(2) は規則的なアクセントを持つ語である。これらの語は、最終音節に高いピッチが生じる[1]。

(2) a. a**RA** 〈間〉
b. el**MA** 〈りんご〉
c. de**NİZ** 〈海〉

(3) は、(2b) に接辞が後続した例である。この場合、［語幹＋接辞］の最終

[1] 高いピッチが生じる音節を太字の小型英大文字で表す。

音節に高いピッチが生じる[2]。

(3) a. elma-**LAR** 〈りんご〉
りんご-PL
b. elma-la**R-IM** 〈私のりんご〉
りんご-PL-POSS.1sg
c. elma-lar-ım-**DAN** 〈私のりんごから〉
りんご-PL-POSS.1sg-ABL

一方、(4) は「不規則」なアクセントを持つ語である。これらの語は、最終音節以外の音節に高いピッチが生じる。

(4) a. **Bİ**ra 〈ビール〉 e. **AN**kara 〈アンカラ〉
b. **LAM**ba 〈電灯〉 f. is**TAN**bul 〈イスタンブール〉
c. pi**JA**ma 〈パジャマ〉 g. **BEL**ki 〈おそらく〉
d. lo**KAN**ta 〈レストラン〉 f. **YOK**sa 〈それとも〉

(5) は、(4a) に接辞が後続した例である。この場合、単独形の場合と同じ音節に高いピッチが生じる。

(5) a. **Bİ**ra-lar 〈ビール〉
ビール-PL
b. **Bİ**ra-lar-ım 〈私のビール〉
ビール-PL-POSS.1sg
c. **Bİ**ra-lar-ım-dan 〈私のビールから〉
ビール-PL-POSS.1sg-ABL

[2] 否定を表す *-mE* のようにその直前の音節に高いピッチが生じる接辞や、進行を表す接辞 *-Iyor* のようにそれ自身に高いピッチが生じる接辞もある。これらは「不規則接辞」と呼ばれる。本論文の中心となる議論に関わらないため、このような接辞の振る舞いについての詳細は省略する。

これまでに挙げた例から、トルコ語には (2) のようにアクセントの指定を持たない語と、(3) のようにアクセントの指定を持つ語があることが分かる[3]。

1.2. Hトーン連結規則と韻律語

本節では、1.1節で概観したピッチパターンを派生する規則を仮定する。そして、その規則の適用領域となる韻律範疇の形成規則を提案する。

高いピッチは、音韻規則によって、韻律範疇の持つHトーンが音節に連結されることによって実現したものであると考える。ここで問題となる韻律範疇を「韻律語」と呼ぶ。以下に、Hトーン連結規則を (6) のように仮定する。

(6) Hトーン連結規則

アクセントが指定された音節があれば、Hトーンをそれに連結せよ。そうでなければ、韻律語の右端に隣接する音節に連結せよ。

韻律語の形成については、Selkirk (1986) の提唱した「末端理論」に基づいて、(7) のように提案する。

(7) トルコ語における韻律語形成規則：

韻律語：{左；語彙語}

(＝韻律語の左境界と語彙語の左境界をそろえよ)

1.3. 問題となる現象

前節では、トルコ語において生じる高いピッチを導く規則として (6) のHトーンの連結と (7) の韻律語形成規則を仮定した。(6) と (7) の規則は、全ての語彙語に高いピッチが生じることを予測する。ところが、文単位のピッチパターンを観察すると、(7) の規則だけでは予測できない現象が観察される。

---

[3] これらの語については、アクセントが語彙的に指定されているのか、それとも規則によって指定されているのかという問題が議論されている。例えば、Sezer (1981) や Inkelas and Orgun (1998, 2003)、Inkelas (1999) は、地名に対して働くアクセント指定規則、制約を提案している。それに対して、Kabak and Vogel (2001) は、そのような規則はトルコ語に存在せず、「不規則」なアクセントを持つ語において、アクセントは全て語彙的に指定されていると述べられている。

本稿では、特に、疑問詞やフォーカスを含む文のピッチパターンに注目する。以下、例文中の疑問詞を四角で囲む。

(8) は、文頭に疑問詞 *kim*〈誰が〉がある。このとき、疑問詞より後ろでは高いピッチが生じない。

(8) a. **KİM** anne-m-e haber-i söyle-miş?
誰.NOM 母-POSS.1sg-DAT ニュース.ACC 話す-PF.3sg
〈誰が母にそのニュースを話したの？〉
b. ***KİM** anne-**M-E** habe**R-İ** söyle-**MİŞ**?

以下では、疑問詞を含む様々な文のピッチパターンを詳細に記述し、このような現象を導く仕組みを探る。

2. 疑問詞を含む文のピッチパターン

多くの言語において、文中の疑問詞は音声的に卓立される。どのように卓立されるかは個別言語によって若干異なるが、共通して顕著なピッチの変動が観察される。本節では、(9) に挙げる場合のピッチパターンを観察する。

(9) a. 疑問詞を含む文の基本的なピッチパターン
b. 疑問のスコープが異なる文のピッチパターン

2.1. 疑問詞を含む文の基本的なピッチパターン

はじめに、疑問詞を含む文と疑問詞を含まない文のピッチパターンを示す。下の (10a) は疑問詞を含まない文であり、(10b) は疑問詞を含む文である。(10a) では、動詞を除き、全ての韻律語にピッチの上昇が生じている。一方、(10b) では、疑問詞 *kim*〈誰が〉より後ろには、文末のイントネーションを除いて、ピッチの上昇が生じていない。ピッチの上昇が生じない部分を下線で表す。

(10) a. **AN**ne-m habe**R-İ** baba-**M-A** söyle-miş.
母-POSS.1sg.NOM ニュース-ACC 父-POSS.1sg-DAT 話す-PF.3sg
〈母がそのニュースを父に話した〉

b. KİM　haber-i　baba-m-a　söyle-miş?
誰.NOM　ニュース-ACC　父-POSS.1sg-DAT　話す-PF.3sg
〈誰が母にそのニュースを話したの？〉

以下に、(10a) と (10b) のピッチ曲線を示す[4]。

(10a):

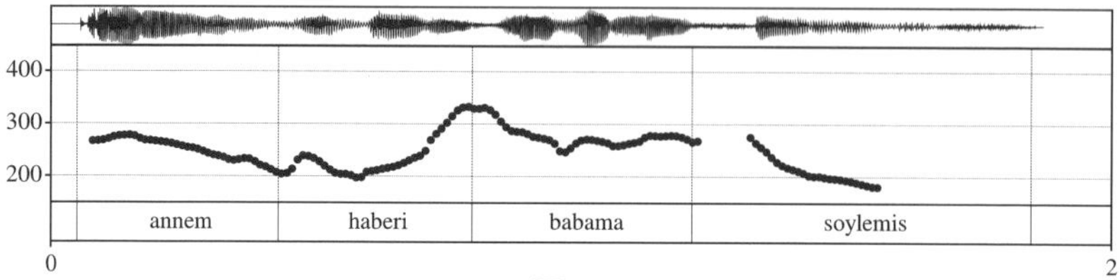

図 1

(10b):

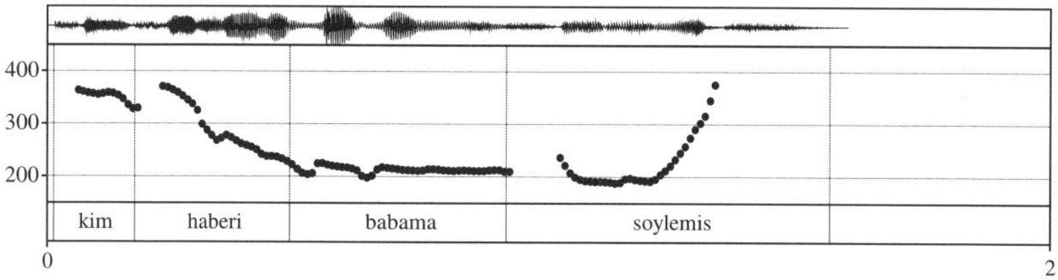

図 2

次に、疑問詞が文頭以外にある文のピッチパターンを示す。下の (11) では、間接目的語が疑問詞 *kim-e*〈誰に〉となっている。(11) では、疑問詞よりも前にある *anne-m*〈母が〉と *haber-i*〈ニュースを〉では平らなピッチが続く[5]。このような現象は、Göksel et al. (2009)、佐藤 (2009) によって報告され

---

[4] ピッチ曲線の図にある文では、ı, ö, ş, ğ が、それぞれ i, o, s, g と区別なく表記されている。正確な文は例文を参照されたい。

[5] 本論文では、観察対象を疑問詞疑問文に限っているが、Kawaguchi et al. (2006) や Göksel et al. (2009) によれば、平らなピッチは、真偽疑問文でも観察される。なお、筆者自身の調査でも同様の結果が得られている。以下の例の波線は筆者が加えたものである。

(i) a. Yarın　akşam　sinema-ya　gid-e-**LİM**　mi?
明日　夕方　映画館-DAT　行く-OPT-1pl　Q
〈明日の夕方映画館に行こうか？〉

(Kawaguchi et al. 2006, p. 362 (26))

ている。平らなピッチが生じる部分を波線で表す。

(11) anne-m　haber-i　kiM-E　söyle-miş?
　　母-POSS.1sg.TOP　ニュース-ACC　誰-DAT　話す-PF.3sg
　　〈母はそのニュースを誰に話したの？〉

以下に、(11) のピッチ曲線を示す。

(11):

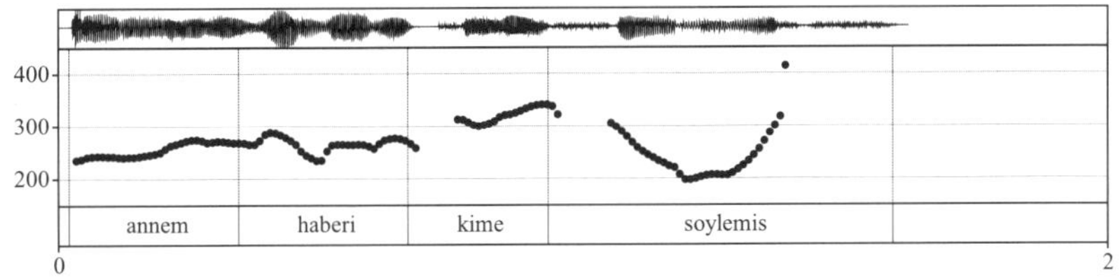

図 3

更に、前出の (10b) と疑問詞の位置が異なる文のピッチパターンを示す。(12) では、間接目的語 *anne-m-e*〈母に〉と直接目的語 *haber-i*〈そのニュースを〉が文頭にあり、それに疑問詞 *kim*〈誰が〉が続く。(12) と上の (11) を比較する。疑問詞の位置が変わっている場合も、文頭から平らなピッチが続くという点、また、高いピッチが生じるかどうかという点では同様のパターンが観察される。

---

b. Ben-im　bilgisayar-ım　SEN　mi　kullan-dı-n?
　　私-GEN.1sg　パソコン-POSS.1sg　あなた　Q　使う-PAST-2sg
　　〈私のパソコンを使ったのはあなたなの？〉
(Kawaguchi et al. 2006, p. 361 (24))

トルコ語の真偽疑問文に現れる *-mI* は、疑問文のマーカーであると同時に、フォーカスマーカーでもあると考えられている。疑問詞と同様に、*-mI* によってマークされるホストに関しても、それより前に平らなピッチが生じることは、疑問詞とフォーカスの音声的な実現が同じであることを示していると考えられる。

(12) anne-m-e　haber-i　**KİM**　söyle-miş?
母-POSS.1sg-DAT　ニュース-ACC　誰.NOM　話す-PF.3sg
〈母にそのニュースを誰が話したの？〉

以下に、(12) のピッチ曲線を示す。

(12):

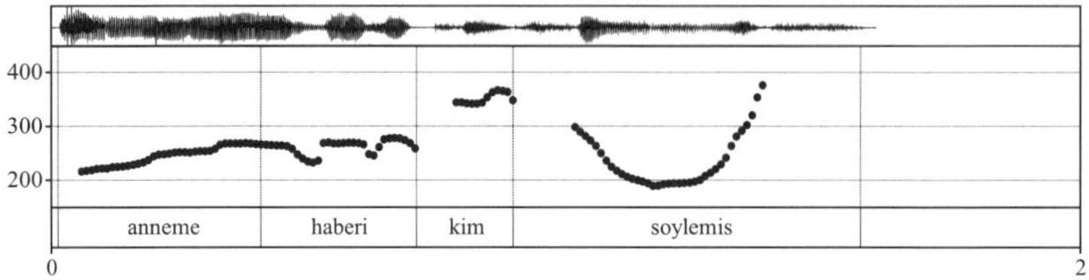

図 4

ここで、疑問詞よりも前にアクセントの対立によって区別される二つの語があるとき、その対立が中和されてしまうことも示しておく。下の (13) は、一番目の音節にアクセントが指定されている *mısır*〈エジプト〉と、アクセントを持たない *mısır*〈とうもろこし〉が疑問詞の前にある文である。どちらにも平らなピッチが生じており、アクセントの対立が失われている[6]。

(13) mısır　ile　mısır-ın　ara-sı-nda　**NE**　ilişki　var?
エジプ　と　とうもろこし-GEN　間-POSS.3sg-LOC　何　関係　ある
〈エジプトととうもろこしの間に何の関係があるの？〉

---

[6] トルコ語母語話者三人に対し、(13) の音声を聞いてもらい、「エジプト」と「とうもろこし」の区別が可能であるかどうかを簡単に調査した。三人中二人は区別不可能であった。一人は区別可能であると答えてはいるが、何に基づいて判断しているかは明らかではない。トルコ語では、ピッチだけによって区別される語が非常に少ないため、この問題については、これ以上議論しない。
ここで重要なのは、疑問詞より前では平らなピッチが実現すること、それによって、ピッチの区別が中和されることである。

以下に(13)のピッチ曲線を示す。

(13):

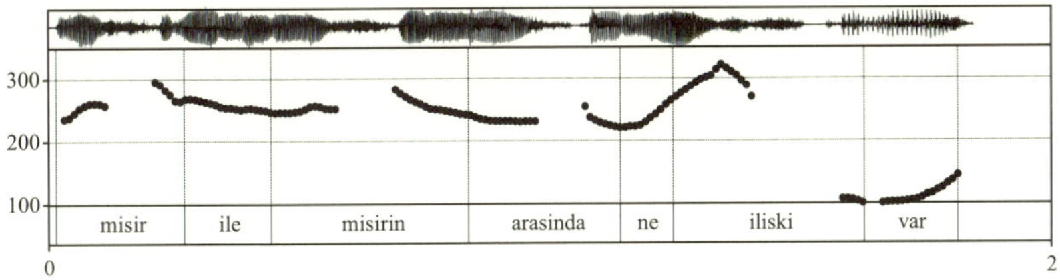

図5

これまでの観察に基づき、トルコ語における疑問詞を含む文のピッチパターンを次の(14)のようにまとめる。

(14) a. 疑問詞の直前まで平らなピッチが生じる
b. 疑問詞にピッチの上昇が生じる。
c. 疑問詞より後ろには、ピッチの上昇は生じず、ピッチのなだらかな下降が生じる。

2.2. ピッチパターンの実現と疑問のスコープ

本節では、疑問詞を含む文のピッチパターンを特徴付ける(14)の現象に注目する。(14c)がどこまで続くかは、直接疑問文と間接疑問文で異なる、すなわち疑問のスコープによって異なることを示す。一方、(14a)がどこから始まるかは、直接疑問文と間接疑問文で異なることはない。すなわち、疑問のスコープによる違いは見られないことを示す。

この2.2節では複文を扱う。はじめに、疑問詞が主節にある直接疑問文を見て、複文であっても、疑問のスコープが文全体である場合、(14)に矛盾がないことを示す。次に疑問詞が埋め込み節にある直接疑問文と間接疑問文を見る。そして、疑問のスコープが文全体である場合と埋め込み節である場合では、ピッチパターンが異なることを示す。

まず、疑問詞が主節にある直接疑問文のピッチパターンを示す。下の(15)では、主節に疑問詞 *kim*〈誰が〉がある。(15a)と(15b)では、共に、疑問詞にピッチの上昇が生じる。そして、疑問詞より後ろには、文末までピッチの上昇が生じない。(15b) では、平らなピッチが文頭から疑問詞の直前まで続いている。上の (14) で述べた通りである。

(15) a. **KİM** [abla-m-ın bura-ya gel-diğ-i-ni]
誰.NOM 姉-POSS.1sg-GEN ここ-DAT 来る-VN-POSS.3sg-ACC
baba-m-a söyle-miş?
父-POSS.1sg-DAT 話す-PF.3sg
〈誰が姉がここに来たことを父に話したの？〉

b. [abla-m-ın bura-ya gel-diğ-i-ni] baba-m-a
姉.POSS.1sg-GEN ここ-DAT 来る-VN-POSS.3sg-ACC 父-POSS.1sg-DAT
KİM söyle-miş?
誰.NOM 話す-PF.3sg
〈姉がここに来たことを父に誰が話したの？〉

以下に、(15a) と (15b) のピッチ曲線を示す。

(15a):

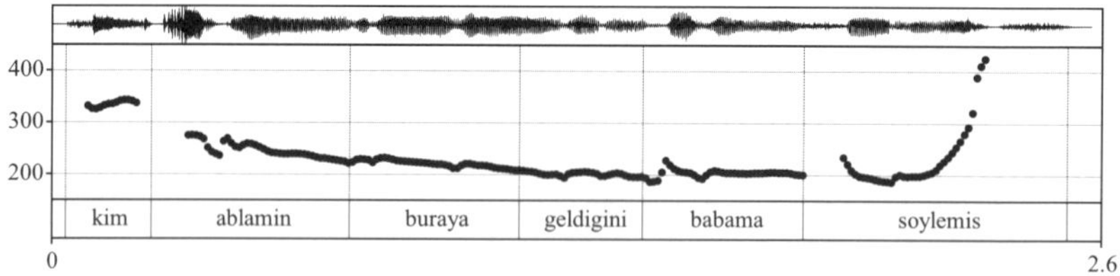

図 6

(15b):

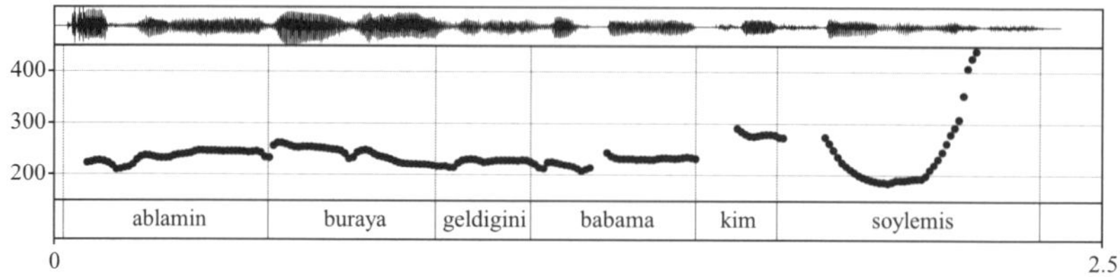

図 7

次に、疑問詞が埋め込み節にある文のピッチパターンを観察する。ここでは、疑問詞よりも後ろのピッチに注目する。Göksel et al. (2009) では、疑問詞が埋め込み節にある文の、疑問詞より後ろのピッチに関しては言及されていない。まず、直接疑問文のピッチパターンを見る。下の (16) は、埋め込み節に疑問詞 *kim-in*〈誰が〉がある直接疑問文である。直接疑問文であるという点で、(16) は (15) と同様、疑問のスコープは文全体である。(16) は、これまでの観察と同様のピッチパターンが観察される。疑問詞の直前まで平らなピッチが続き、疑問詞ではピッチの上昇が生じる。そして、疑問詞より後ろにはピッチの上昇が生じない。

(16) anne-m [bura-ya kiM-İN gel-diğ-i-ni]
母-POSS.1sg.TOP ここ-DAT 誰-GEN 来る-VN-POSS.3sg-ACC
baba-m-a söyle-miş?
父-POSS.1sg-DAT 話す-PF.3sg
〈母はここに誰が来たことを父に話したの？〉

以下に、(16) のピッチ曲線を示す。

(16):

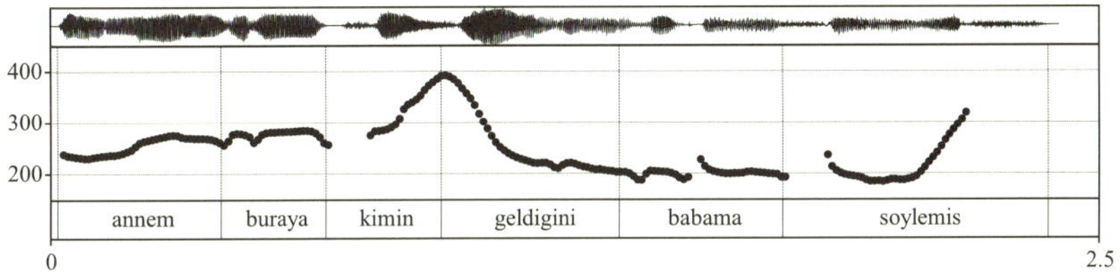

図 8

次に、間接疑問文のピッチパターンを見る。下の (17) は、埋め込み節内に疑問詞 *kim-in*〈誰が〉がある間接疑問文である。(17) では、疑問詞の直前まで平らなピッチが続き、疑問詞ではピッチの上昇が生じる。このことは、これまでの観察と同様である。また、疑問詞より後ろにはピッチの上昇が生じない。ただし、この現象が続くのは、埋め込み節末までである。ここでは、埋め込み節の最後の上昇のイントネーションは分析対象としない[7]。

(17) anne-m [bura-ya **kiM-İN** gel-diğ-i-ni]
母-POSS.1sg.TOP ここ-DAT 誰 -GEN 来る-VN-POSS.3sg-ACC
baba-**M-A** söyle-miş.
父-POSS.1sg-DAT 話す-PF.3sg
〈母はここに誰が来たかを父に話した〉

以下に、(17) のピッチ曲線を示す。

(17):

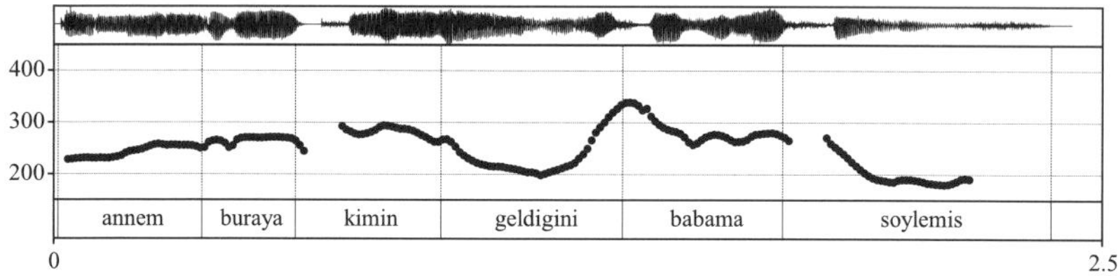

図 9

上の (16) と (17) では、疑問詞より後ろにはピッチの上昇が生じないという現象がどこまで続くかは、疑問のスコープによって異なることを示した。疑問のスコープが文全体である直接疑問文では文末まで続くのに対し、疑問のスコープが埋め込み節である間接疑問文では埋め込み節末までとなる。一方、疑問詞より前の平らなピッチがどこから始まるかは、直接疑問文と間接疑問文によって違いがないことを示した。どちらの場合も、文頭から疑問詞の直前までに生じる。この、疑問詞より前の平らなピッチについては、Göksel et al. (2009) や佐藤 (2009) で指摘された通りである。Göksel et al. (2009) は、この現象が節境界をまたいで生じることを指摘している。Göksel et al. (2009) の挙げた例は、次の (18a) と (18b) のペアである。両者の違いは、

---

[7] *geldiğini*〈来たかを〉に生じている高いピッチは、本発表で扱っている現象とは異なるものとして区別する。*geldiğini* より後ろではピッチの下降が生じていないことからも、疑問詞とは音声的な振る舞いが異なることが分かる。

主節の目的語が疑問詞であるかどうかである。(18a) では、主節の目的語が *Ali-yi*〈アリを〉、(18b) では、*kim-i*〈誰を〉となっている。

(18) a. Biz dün sinema-da film seyr-ed-er-ken Ayla
私たち 昨日 映画館-LOC 映画.ACC 観る-AUX-AOR-ADV アイラ.NOM
Ali-yi gör-müş.
アリ.ACC 見 PF
〈私たちが昨日映画館で映画を見ているとき、アイラはアリを見かけた〉

b. Biz dün sinema-da film seyr-ed-er-ken Ayla
私たち 昨日 映画館-LOC 映画.ACC 観る-AUX-AOR-ADV アイラ.NOM
kiM-İ gör-müş?
誰.ACC 見る.PF
〈私たちが昨日映画館で映画を観ているとき、アイラは誰を見かけたの？〉

(Göksel et al. 2009, p. 253, (4a), (5a) に基づく)

Göksel et al. (2009) では、それぞれの例のピッチ曲線が示され、(18a) では、*Ali-yi*〈アリを〉より前にピッチの上昇と下降の繰り返しが生じるのに対し、(18b) では、疑問詞 *kim-i*〈誰を〉より前に平らなピッチが続くと指摘している。上で観察されたピッチパターンは、この指摘に矛盾しない。

2.3. まとめ

2 節では、トルコ語において、疑問詞を含む文のピッチパターンがどのように実現するのかを観察した。はじめに、疑問詞を一つ含む文を観察し、現象を (14) にまとめた。以下に繰り返す。

(14) a. 疑問詞の直前まで平らなピッチが生じる
b. 疑問詞にピッチの上昇が生じる。
c. 疑問詞より後ろにはピッチの上昇は生じず、ピッチのなだらかな下降が生じる。

次に、複文のピッチパターンを観察し、(14a) の現象がどこから始まるのか、また、(14c) がどこまで続くのかを考察した。そして、(14c) の現象に関しては、疑問のスコープと関連があることを示した。疑問のスコープが文全体である直接疑問文では、ピッチの上昇が生じないという現象は文末まで続く。一方、疑問のスコープが埋め込み節である間接疑問文では、埋め込み節末までとなる。(14a) の現象に関しては、疑問のスコープとの関連は見られない。(19) に図示する。

(19) a. 直接疑問文
[$_{CP}$ [$_{CP}$ WH] C] (16)
b. 間接疑問文
[$_{CP}$ [$_{CP}$ WH C]] (17)

以上が、トルコ語における疑問詞を含む文のピッチパターンのまとめである。本節の初頭 (9) に挙げた文のピッチパターンを観察することで、疑問詞よりも後ろに生じるピッチパターンが疑問のスコープと関連があることを新たに示した。

3. 分析

本稿では、疑問詞を含む文において見られる様々な現象の中でも、特に、疑問詞より後ろに生じるピッチパターンに注目する。3.1節では、疑問詞より後ろにはピッチの上昇が生じないという現象を導く規則を仮定する。そして、その規則の適用領域がどのように決定されるのかという問題に取り組む。3.2節では、従来の分析の概要と問題点を述べ、3.3節では代案を述べる。

3.1. 規則と適用領域

疑問詞より後ろにピッチの上昇が生じないという現象は、(6) の H トーン連結規則によって一旦連結された H トーンが削除されることによって導かれると分析する。その削除規則を (20) のように仮定する。また、規則の適用領域となる韻律範疇を仮定する。この韻律範疇は、韻律語よりも大きく音韻句よりも小さいものとして、Minor Phrase (MiP) を仮定する。

(20) Hトーン削除規則

Minor Phrase 内で、初頭のHトーン以外のHトーンを全て削除せよ。

例えば、(21) のように、三つの韻律語が一つの Minor Phrase に含まれた場合、(20) の規則によって、二番目と三番目のHトーンは削除されることになる。

(21) $((\alpha)_{\text{PW}}(\beta)_{\text{PW}}(\gamma)_{\text{PW}})_{\text{MiP}}$

| ≠ ≠

H H H

例えば、前出の (10b) では、文全体が一つの Minor Phrase を形成しており、(21) の規則によって次のようにHトーンが削除されていると考える。

(22) ((kim)$_{\text{PW}}$(haberi)$_{\text{PW}}$(babama)$_{\text{PW}}$(söylemiş)$_{\text{PW}}$)$_{\text{MiP}}$ (10b)

| ≠ ≠ ≠

H H H H

次節では、Hトーン削除規則の適用領域として仮定した Minor Phrase がどのように形成されるのか、という問題について議論する。

3.2. 従来の分析：Multiple Spell-Out 分析 (Ishihara 2003)

3.2節では、Ishihara (2003) によって提案された Multiple Spell-Out 分析を取り上げる。はじめに分析の概要を示し、次にその問題点を指摘する。Ishihara (2003) は、東京方言における疑問詞を含む文のピッチパターンを観察している。東京方言では、(i) 疑問詞に生じるピッチのピークが、疑問詞でないものに比べてより高くなるという現象と、(ii) 疑問詞より後ろでピッチのピークが減衰するという現象が生じる。後者 (ii) の現象は、これまで見てきたトルコ語で見られる (14c) の現象に類似している。更に、東京方言において (ii) の現象がどこまで続くかは、トルコ語と同様に疑問のスコープと関連があることが既に指摘されている。Ishihara (2003) は、この現象を導く規則を仮定した[8]。疑問詞はフォーカス素性を持つことを前提とし、そのフォーカス素性に言及して適用される metrical grid[9] の削除規則と追加規則である。そして、その二つの規則の適用領域を次の (23) のように述べた。

(23) Ishihara (2003) の記述
　　規則の適用領域は、Spell-Out ドメイン[10] (*v*P と CP) である。

この (23) の規則によって、トルコ語にも同様に見られた、疑問のスコープとピッチパターンの関連を次のように説明することができる。問題となる (10b) を再掲する。(10b) は、疑問のスコープが文全体である直接疑問文である。この場合、規則の適用領域は文全体となる。(17) は疑問のスコープが埋め込み節である間接疑問文である。この場合、規則の適用領域は埋め込み節となる。(23) は、(10b) と (17) の違いを適切に説明することができる。

(10)	b	[**KİM**	haber-i	baba-m-a	söyle-miş]?
		誰.NOM	ニュース-ACC	父-POSS.1sg-DAT	話す-PF.3sg
		〈誰が母にそのニュースを話したの？〉			

(17)	anne-m	[bura-ya	ki**M-İN**	gel-diğ-i-ni]
	母-POSS.1sg.TOP	ここ-DAT	誰-GEN	来る-VN-POSS.3sg-ACC
	baba-**M-A**	söyle-miş.		
	父-POSS.1sg-DAT	話す-PF.3sg		
	〈母はここに誰が来たかを父に話した〉			

[8] Ishihara (2003) は、これらの現象は P-focalization と Post-FOCUS Reduction という二つの規則によって派生されると仮定している。それらは、本論文の H トーン削除規則とは異なるが、本質的な問題ではないので、ここでは詳細な議論は省略する。
[9] metrical grid とは、ストレスに関わる現象などを説明するために Liberman (1975) や Liberman and Prince (1977) によって提唱されたものである。音韻表示において metrical grid (x) でストレスを持つ音節が表される。
[10] 生成文法では、統語部門から意味部門と音韻部門への写像が循環的に行われていると仮定されている (Chomsky 2000, 2001)。その写像される単位が *v*P と CP の補部であると仮定されている。一方、Ishihara (2003) では、その単位が *v*P と CP であると仮定されている。

ただし、ここで注意しなければならないのは、(23)の規則は、なぜ「疑問詞より後ろ」に適用されるのかについては言及されていないという点である。Ishihara (2003) の分析でトルコ語の現象を説明しようとすると、このような問題が生じる。

次の問題点は、(23) だけでは、埋め込み節に疑問詞がある直接疑問文におけるピッチパターンを説明することができず、更なる仮定が必要になるという点である。問題となる (16) を再掲する。(23) に基づけば、(16) も (17) と同じく、規則の適用領域は埋め込み節であると考えなければならず、ピッチの下降は埋め込み節末までとなることを予測する。しかし、事実とは異なる。

(16) anne-m [bura-ya kiM-İN gel-diğ-i-ni]
母-POSS.1sg.TOP ここ-DAT 誰-GEN 来る-VN-POSS.3sg-ACC
baba-m-a söyle-miş?
父-POSS.1sg-DAT 話す -PF.3sg
〈母はここに誰が来たことを父に話したの？〉

そこで、Ishihara (2003) は (23) を保持するために、規則の適用に関わる更なる仮定を必要とした。上述したとおり、Ishihara (2003) は、疑問詞はフォーカス素性を持つと考えている。その素性の付与規則と削除規則を次のように仮定した。

(24) Ishihara (2003) の仮定
a. フォーカス素性付与：統語論の派生の過程において、それを c-command する補文標識「か」や「の」からフォーカス素性が付与される。
b. フォーカス素性削除：規則が適用された後、フォーカス素性は削除される。

(16) では埋め込み節が Spell-Out された時点では、埋め込み節内に日本語の「か」や「の」に相当する補文標識が存在しないため、疑問詞にフォーカス素性が与えられない。この時点で規則は適用されない。主節が Spell-Out されてはじめて疑問詞にフォーカス素性が与えられ、その時点で規則が適用される。従って、(16) ではピッチの下降が埋め込み節末まででではなく、文末まで続くことになる。

3.3. 提案

3.3節では、トルコ語のHトーン削除規則 (20) の適用領域となる Minor Phrase の形成を導く規則 (25) を提案する[11]。この規則は、Ishihara (2003) の分析の問題点であった、なぜ (20) のHトーン削除規則が「疑問詞より後ろ」に適用されるのかという疑問に答えることができる。それは、トルコ語は主要部後置型の言語で補文標識は常に疑問詞より後ろに生起するためであると説明することができる。

(25) Minor Phrase 形成規則

[+wh] を持つ要素から、それを c-command する補文標識までで、一つの Minor Phrase を形成せよ。

以下では、[+wh] を c-command する補文標識を φ で表す。

(26) a. (kim anneme haberi söyle-mişφ)$_{\mathrm{MiP}}$

b. (annem)$_{\mathrm{MiP}}$ (buraya)$_{\mathrm{MiP}}$ (kimin geldiğini babama söylemişφ)$_{\mathrm{MiP}}$

c. (annem)$_{\mathrm{MiP}}$ (buraya)$_{\mathrm{MiP}}$ (kimin geldiğiniφ)$_{\mathrm{MiP}}$ (babama)$_{\mathrm{MiP}}$ (söylemiş)$_{\mathrm{MiP}}$

このように、韻律範疇が、より多くの統語的要素を参照することによって形成されていると考えることで、Ishihara (2003) が仮定した (24) のフォーカス素性の付与規則や削除規則は不要になる。

---

[11] Kubo (2005) は、福岡方言と釜山方言のデータを Minor Phrase に言及して一般化している。Kubo (2005) では、「疑問詞から、その疑問詞を束縛する [+wh] を持つ補文標識までが一つの Minor Phrase を形成する」と述べられている。

4. まとめと課題

4.1. まとめ

本稿で提案した規則を以下に再掲する。

(27) 韻律語形成規則

韻律語：{左；語彙語}

(＝韻律語の左境界と語彙語の左境界をそろえよ。)

(28) Hトーン連結規則

Hトーンを、韻律語の右境界に隣接する音節に連結せよ。

(29) Hトーン削除規則

Minor Phrase 内で、初頭のHトーン以外のHトーンを全て削除せよ。

(30) Minor Phrase 形成規則

[+wh] を持つ要素から、それを c-command する補文標識までで、一つの Minor Phrase を形成せよ。

4.2. 今後の課題

4.2節では、今後の分析対象とする更なるデータを示す。疑問詞を複数含む文のピッチパターンである。疑問詞が三つ以上ある場合でも、三つ目の以降の疑問詞は、疑問詞が二つある場合の二つ目の疑問詞と同じ振る舞いをすると考えられるため、ここでは、疑問詞を二つ含む文で代表させる。はじめに、二つの疑問詞が同一節内にある文を、次に、二つの疑問詞が異なる節にある文を取り上げる。例示するのは、次の (31) のような文である。

(31) a. 二つの疑問詞が同一節内にある文

[… WH WH….]

b. 二つの疑問詞が異なる節にある文

i. [WH [… WH….] ….]

ii. [[WH….]… WH….]

(31a) に対応する文を (32) に挙げる。一つ目の疑問詞 *kim*〈誰が〉にはピッチの上昇が生じるが、二つ目の疑問詞 *kim-e*〈誰に〉にはピッチの上昇が生じない。*kim*〈誰が〉より後ろには高いピッチが生じない。

(32) haber-I　**KİM**　kim-e　söyle-miş?
ニュース　誰.NOM　誰-DAT　話す-PF.3sg
〈ニュースを誰が誰に話したの？〉

以下に、(32) のピッチ曲線を示す。

(32):

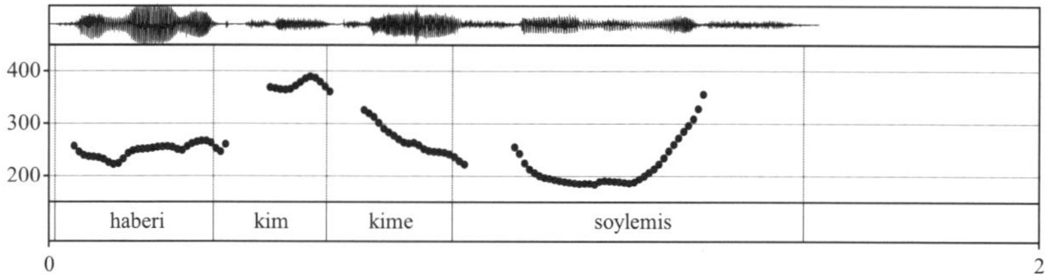

図10

次に、(31b) に対応する、二つの疑問詞が異なる節にある文を見る。(33) と 34) である。トルコ語の場合、(33) の文は、(34) に比べて容認度が低くなるが、非文法的な文ではない。下の (33) では、主節に *kim*〈誰が〉、埋め込み節に *kim-in*〈誰が〉がある。このとき、主節にある疑問詞にはピッチの上昇が生じるが、埋め込み節にある疑問詞にはピッチの上昇が生じない。主節にある疑問詞より後ろには、文末までピッチの上昇が生じない。

(33) ?[**KİM**　[bura-ya　kim-in　gel-diğ-i-ni]
誰.NOM　ここ-DAT　誰-GEN　来る-VN-POSS.3sg-ACC
anne-m-e　söyle-miş]?
母-POSS.1sg-DAT　話す-PF.3sg
〈誰がここに誰が来るか母に話したの？〉

下の(34)は、埋め込み節が文頭にある文である。このときも、主節にある疑問詞 *kim*〈誰が〉にはピッチの上昇が生じる。主節にある疑問詞の直前まで平らなピッチが続き、埋め込み節にある疑問詞 *kim-in*〈誰が〉にはピッチの上昇が生じない。

(34) [[kim-in bura-ya gel-diğ-i]-ni anne-m-e
誰-GEN ここ-DAT 来る-VN-POSS.3sg-ACC 母-POSS.1sg-DAT
KİM söyle-miş]?
誰.NOM 話す-PF.3sg
〈誰がここに来るか母に誰が話したの？〉

以下に、(33)と(34)のピッチ曲線を示す。

(33):

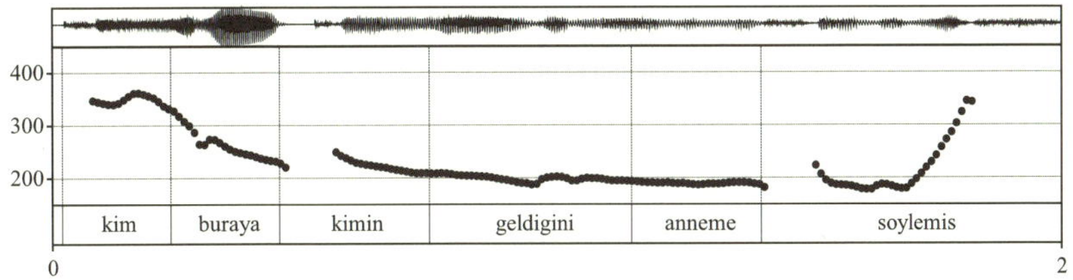

図11

(34):

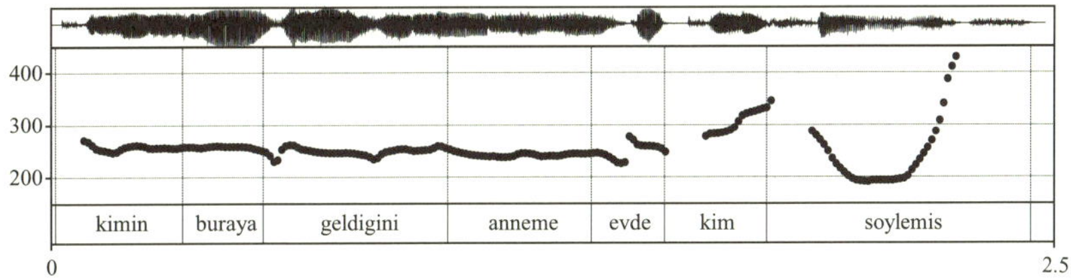

図12

以上の観察から、二つの疑問詞が同一節内にある文では、一つ目の疑問詞のみにピッチの上昇が生じること、二つの疑問詞が異なる節にある文では、主節にある疑問詞より前では平らなピッチが生じ、その疑問詞より後ろには高いピッチが生じないことが分かる。(35) に図示する。

(35) a. 二つの疑問詞が同一節内にある文

[$_{CP}$ WH1 WH2 C1,2] (32)

b. 二つの疑問詞が異なる節にある文

(i) [$_{CP}$ WH1 [$_{CP}$ WH2 C2] C1] (33)

(ii) [$_{CP}$ [$_{CP}$ WH1 C1] … WH2 C2] (34)

上で見てきたように、疑問詞を複数含む文のピッチパターンは、本稿で仮定した規則だけでは説明することができない。以下では、今後の分析の可能性を述べる[12]。まず、二つの疑問詞が同一節内にある文のピッチパターンについて述べる。(35a) では、二つ目の疑問詞にピッチの上昇が生じないことを説明しなければならない。現段階では、同一節内にある二つの疑問詞は、複合語と並行的に扱うことが可能だと考えている。トルコ語の複合語では、前部要素にのみピッチの上昇が生じる[13]。更に、同一節内に複数の疑問詞があるとき、それらは隣接しなければならないという制限がある。

(36) *Kim haber-i kim-e söyle-miş?
誰.NOM ニュース-ACC 誰-DAT 言う-PF.3sg

このような事実も、二つの疑問詞を複合語と並行的に扱うことが妥当であることを示していると見なせる。

次に、二つの疑問詞が異なる節にある文のピッチパターンについて述べる。(35b) の (i), (ii) では、埋め込み節内の疑問詞にピッチの上昇が生じないことを説明しなければならない。このことは、埋め込み節内の疑問詞が [+wh] 素性を持つ要素として振舞わないと分析することが可能である。この

[12] これらの問題については、佐藤 (2011) の4.3.2.2節、および4.3.4.3節で一部議論されている。

[13] Swift (1963) や Inkelas and Orgun (1998) では、複合語が句と類似した構造を持っている場合、後部要素にアクセントが生じると述べられている。議論が複雑になるため、本稿では、そのような構造を持つ複合語は取り上げない。

場合、(35b) の文は、主節の疑問詞のみを含む文として規則の適用を受けることになる。

参照文献

Chomsky, Norm (2000) Minimalist inquiries: The framework. In: Roger Martin, David Michaels, and Juan Uriagereka (eds.) *Step by step: In honor of Howard Lasnik*, 85–155. Cambridge, MA: MIT Press.

Chomsky, Norm (2001) Derivation by phase. In: Michael Kenstowicz (ed.) *Ken Hale: A life in language*, 1–52. Cambridge, MA: MIT Press.

Göksel, Aslı, Meltem Kelepir and Aslı Üntak-Tarhan (2009) Decomposition of question intonation: The structure of response seeking utterances. In: Janet Grijzenhout and Barış Kabak (eds.) *Phonological domains: Universals and deviations*, 249–286. Berlin: Mouton de Gruyter.

Hayes, Bruce (1989) The porosodic hierarchy in meter. In: Paul Kiparsky and Gilbert Youmans (eds.) *Phonetics and Phonology 1: Rhythm and Meter,* 201–260. Orlando: Academic Press.

Inkelas, Sharon (1999) Exceptional stress-attracting suffixes in Turkish Representations vs. the grammar. In: H. van der Hulst, R. Kager, and Wim Zonneveld (eds.) *The Prosody- Morphology Interface*, 134–187. Cambridge: Cambridge University Press.

Inkelas, Sharon and Cemil Orhan Orgun (1998) Level (non) ordering in recursive morphology: Evidence from Turkish. In: S.G. Lapointe, D.K. Brentari and P.M. Farrell (eds.) *Morphology and its relation to phonology and syntax*, 360–410. Stanford: CSLI Publications.

Inkelas, Sharon and Cemil Orhan Orgun (2003) Turkish stress: A review. *Phonology* 20: 139–161.

Ishihara, Shinichiro (2003) Intonation and interface condition. Doctoral dissertation, University of Massachusetts, Amherst.

Kabak, Barış and Irene Vogel (2001) The phonological word and stress assignment in Turkish. *Phonology* 18: 315–360.

Kawaguchi, Yuji, Selim Yılmaz and Arsun Uras Yılmaz (2006) Intonation Patterns of Turkish Interrogatives. In: Kawaguchi, Yuji, Ivan Fónagy and Tsunekazu Moriguchi (eds.) *Prosody and syntax: Cross-linguistics perspectives*, 349–368. Amsterdam: John Benjamins.

Kubo, Tomoyuki (2005) Phonology-syntax interfaces in Busan Korean and Fukuoka Japanese. In: Shigeki Kaji (ed.) *Cross-linguistic studies of tonal phenomena: Historical development, tone-syntax interface, and descriptive studies*, 195–210. Tokyo: Research Institute for languages and cultures of Asia and Africa, Tokyo University of Foreign Studies.

Lees, Robert. B. (1961) *The phonology of Modern Standard Turkish.* Bloomington: Indiana University Press.

Lewis, Geoffrey L. (1967) *Turkish grammar*. Oxford: Oxford University Press.

Nespor, Marina and Irene Vogel (1986) *Prosodic phonology*. Dordrecht: Foris.

Liberman, Mark (1975) The intonational system of English. Doctoral Dissertation, Massachusetts Institute of Technology, Cambridge, MA.

Liberman, Mark and Alan Prince (1977) On stress and Linguistic rhythm. *Linguistic Inquiry* 8: 249–336.

佐藤久美子 (2009)「トルコ語における疑問詞を含む文のピッチパターン—フォーカスの関わる韻律範疇の形成—」『九州大学言語学論集』30: 107–117.

佐藤久美子 (2011)「小林方言とトルコ語における音調の研究—「一型アクセント」はどう実現するか—」博士論文，九州大学.

Selkirk, Elisabeth O. (1986) On Derived domains in sentence phonology. *Phonology yearbook* 3: 371–405. Cambridge: Cambridge University Press.

Sezer, Engin (1981) On non-final stress in Turkish. *Journal of Turkish studies* 5: 61–69.

Swift, Lloyd B. (1963) *A reference grammar of modern Turkish*. Cambridge, MA.: MIT Press.

文理解の観点からみた トルコ語の二重目的語構文の基本語順

カフラマン・バルシュ

キーワード：トルコ語、二重目的語構文、基本語順、かき混ぜ文、文処理

要旨

トルコ語における二重目的語構文の基本語順に関して二つの立場がある。一つは「主格名詞・対格名詞・与格名詞・動詞」を基本語順とみなす立場である（e.g., Kornfilt, 2003）。もう一つは、与格名詞が「所有者」を表す場合「主格名詞・与格名詞・対格名詞・動詞」が基本語順であるのに対して、与格名詞が「場所」を表す場合「主格名詞・対格名詞・与格名詞・動詞」が基本語順であるとみなす立場である（Öztürk, 2004）。これらの主張は研究者の内省的直感、もしくはトルコ語母語話者のインフォーマントによる判断に基づいて導かれたものであり、実際にトルコ語母語話者が言語運用において二重目的語構文をどのように理解するかという心理言語学的観点からは裏付けられていない。そこで、本研究では、二つの仮説の有効性について検証し、心理言語学的な証拠を示すために、二つの自己ペース読文実験を行った。その結果、Öztürk (2004) が主張しているように、トルコ語の二重目的語構文の基本語順は、与格名詞が「所有者」を表すか「場所」を表すかによって異なり得ることが心理言語学的観点から示唆された。

* 本論文は、Mental Architecture for Processing and Learning of Language (MAPLL) 2010という学会にて共同発表した内容（Kahraman, Barış, Atsushi Sato and Hiromu Sakai (2010) Processing two types of ditransitive sentences in Turkish: Preliminary results from a self-paced reading study. *IEICE Technical Report* 110: 37–42.）を修正したものである。内容に関して多くの助言を下さった広島大学の酒井弘先生と佐藤淳氏に深く感謝する。また、ボランティアで実験に参加して下さったチャナッカレ・オンセキズ・マルト大学の諸学生と彼らに声をかけた下さった同大学の藤幸子先生、Aydın Özbek 先生、Derya Akkuş Sakaue 先生に感謝する。本論文における不備や間違いはすべて筆者の責任である。

1.　はじめに

トルコ語はSOV型の語順（主語・目的語・動詞）をとる言語の一つであり、その重要な特徴の一つとして、文中の要素の語順が自由に交替できることが挙げられる。言語学では、文を構成する要素が基本語順（canonical word order）位置から移動し、文中の別の位置に現われることを「かき混ぜ」（scrambling）という（Ross, 1986）。たとえば、下記の例で言うと、(1) は「主語・目的語・動詞」の語順からなっているため、基本語順の文であると言える。これに対して、(2) では目的語が主語の前に現われているため、かき混ぜ文となっていることがわかる。

(1)　Ali　ev-i　temizle-di
　　アリ-主格　家-対格　掃除し-過去形
　　「アリが家を掃除した。」

(2)　Ev-i　Ali　temizle-di
　　家-対格　アリ-主格　掃除し-過去形
　　「家をアリが掃除した。」

このようにトルコ語で項を二つとる動詞、すなわち2項動詞（transitive verb）の場合は、基本語順がはっきりしている。一方で、「見せる」などのように項を三つとる動詞、すなわち3項動詞（二重目的語構文：ditransitive construction）の場合は、基本語順が2項動詞の場合ほどはっきりしない。以下に示すように、トルコ語の二重目的語構文において対格名詞が与格名詞の前に現れる場合と、与格名詞が対格名詞の前に現われる場合がある。

(3)　Ali　Veli-ye　ev-i　göster-di
　　アリ-主格　ヴェリ-与格　家-対格　見せ-過去形
　　「アリがヴェリに家を見せた。」

(4)　Ali　ev-i　Veli-ye　göster-di
　　アリ-主格　家-対格　ヴェリ-与格　見せ-過去形

「アリが家をヴェリに見せた。」

(3) では与格名詞（Veli）が対格名詞（evi）に先行しているのに対して、(4) では対格名詞が与格名詞に先行している。トルコ語の理論言語学の枠組みでは、(3) と (4) のような二重目的語構文の基本語順に関して二つの立場がある。一つは「主格名詞・対格名詞・与格名詞・動詞」、すなわち (4) を基本語順とみなす立場である（e.g., Kornfilt, 1997, 2003; Kural, 1992; Underhill, 1972）。もうひとつは、与格名詞が「所有者」を表すか、「場所」を表すかによって基本語順が異なると主張する、与格名詞の意味役割に主眼を置く立場である（Öztürk, 2004）。この立場によれば、与格名詞が「所有者」を表す場合は基本語順が「主格名詞・与格名詞・対格名詞・動詞」であり、与格名詞が「場所」を表す場合は基本語順が「主格名詞・対格名詞・与格名詞・動詞」である。たとえば上記の例で言うと、*Veli* という与格名詞が生き物を表す有生名詞であるため、「場所」ではなく「所有者」表す（Miyagawa & Tsujioka, 2004）。そのため、「主格名詞・与格名詞・対格名詞・動詞」の語順からなっている (3) は基本語順の文である。これに対して、以下の (5) と (6) の場合 *ev*（家）という与格名詞が「場所」を表すため、基本語順の文は、「主格名詞・対格名詞・与格名詞・動詞」の語順からなっている (5) である（Öztürk, 2004）。

(5) Ali Veli-yi ev-e götür-dü
アリ-主格 ヴェリ-対格 家-与格 連れて行き-過去形
「アリがヴェリを家に連れて行った。」

(6) Ali ev-e Veli-yi götür-dü
アリ-主格 家-与格 ヴェリ-対格 連れて行き-過去形
「アリが家にヴェリを連れて行った。」

このように研究者の間で異なる主張は、研究者自身、もしくはトルコ語母語話者のインフォーマントの内省的直感によって支持されてきたものであり、心理言語学的研究の観点から実験的に立証されたものではない。Sakerina (2003) は、かき混ぜ文と基本語順の文の理解（処理）過程を実験的に調べることが、理論言語学において対立する仮説を区別し、心理言語学的証拠を提供する上で重要であると指摘している。そこで、本研究では実験的手法を用いて、トルコ語における二重目的語構文の基本語順について理解の観点から検討し、一つの心理言語学的証拠を示すことを目的とした。

各被験者のペースに基づいた文中の各単語の読み時間を指標とした実験の結果、Öztürk (2004) の主張を支持する結果が得られた。つまり、与格名詞が「所有者」を表す場合は基本語順が「主格名詞・与格名詞・対格名詞・動詞」であり、「場所」を表す場合は基本語順が「主格名詞・対格名詞・与格名詞・動詞」である可能性が高いことが文理解の観点からも示唆された。

本論文の構成は次の通りである。まず、次章ではトルコ語の二重目的語構文に関する先行研究を概観し、かき混ぜ文の処理過程について調べた日本語の先行研究を紹介する。次に、トルコ語の二重目的語構文の処理過程を調べた二つの自己ペース読文実験（self-paced reading experiment）について紹介し、結果を示す。最後に総合考察を行い、本論文をまとめる。

2. 先行研究

2.1. トルコ語における二重目的語構文

上述のようにトルコ語の二重目的語構文における対格名詞と与格名詞の位置は交替できる[1]。トルコ語では、主格名詞は明示的な格助詞を伴わないのに対して、対格名詞と与格名詞は明示的な格助詞を伴う（e.g., Kornfilt, 1997; Göksel & Kerslake, 2005）[2]。Kural (1992) は、動詞の直前の位置は対比、もしくは強調を表す焦点化（focus）位置であると述べている。たとえば、(3) では「家」が焦点化されているのに対して、(4) では「ヴェリ」という人が焦点化されている。

(3) 再掲	Ali	Veli-ye	ev-i	göster-di
	アリ-主格	ヴェリ-与格	家-対格	見せ-過去形

[1] 主格名詞も文中の様々な位置に置くことができるが、本研究では主格名詞のかき混ぜについて取り扱わない。
[2] 対格名詞が不定名詞である場合は、明示的格を伴わず、またそのかき混ぜが不可能である（Kornfilt, 1997）が、本研究ではこのような構文を取り扱わない。

「アリがヴェリに家を見せた。」

(4) 再掲　Ali　ev-i　Veli-ye　göster-di
アリ-主格　家-対格　ヴェリ-与格　見せ-過去形
「アリが家をヴェリに見せた。」

(3) の場合は「アリがヴェリに「車」ではく、「家」を見せた」というような意味合いが強いのに対して、(4) の場合は「アリが家を「他の人」ではなく「ヴェリ」に見せた」という意味合いが強いと考えられる。しかし、「アリという人がヴェリという人にある家を見せる行為をした」という点で、両文においても命題の内容は同じである。従って、本研究では (3) と (4) のような文は意味が同じであるとみなす。

これらのような文の語順について多くの研究者は、(4) が基本語順であり、(3) が (4) から派生したかき混ぜ文であると主張している（e.g., Kornfilt, 1997, 2003; Kural, 1992, Underhill, 1972）。つまり、トルコ語における二重目的語構文の基本語順は「主格名詞・対格名詞・与格名詞・動詞」である。しかし、これらの先行研究では、なぜトルコ語の二重目的語構文の基本語順が「主格名詞・対格名詞・与格名詞・動詞」であるかについて明確に説明されていない。Kornfilt (2003) は、この点について次のように述べている。「他の言語と違って、トルコ語母語話者がなぜ「主格名詞・対格名詞・与格名詞・動詞」を基本語順とみなすかについて判断することは困難である。一つの可能性として、対格名詞が与格名詞よりも階層的に高い位置にあり、そのため対格名詞が与格名詞の前に現われることが考えられる。」この説明によると、トルコ語の二重目的語構文の基本語順が固定されており、トルコ語母語話者が常に対格名詞が与格名詞の前に現われると想定するということになる。

上記のような研究に対して、Öztürk (2004) は、Miyagawa & Tsujioka (2004) が日本語について行った分析に基づき、トルコ語における二重目的語構文の基本語順が二つ存在する可能性を示した。Miyagawa & Tsujioka (2004) によれば、与格名詞が「所有者」を表す場合は対格名詞に先行しているのに対して、「場所」を表す場合は対格に後続すると指摘している。また、Miyagawa & Tsujioka (2004) は「所有者」が生き物を表す有生名詞であるのに対して、

「場所」が無生物を表す無生名詞であると述べている。Miyagawa & Tsujioka (2004: 9–10) はこの主張を次のような例で裏付けている。

(7) 太郎が花子に東京に荷物を送った。

(8) 太郎が花子に荷物を東京に送った。

(9) *太郎が東京に花子に荷物を送った。

(10) *?太郎が荷物を花子に東京に送った。

「花子」と「東京」は両者とも与格を伴っている。しかし、「花子」は「所有者」を表しており、「東京」は「場所」を表している。上記の例からわかるように、「所有者」が「場所」に先行する (7) と (8) の場合は文法的に容認可能であるが、「場所」が「所有者」に先行する (9) と (10) の場合は文の容認度が落ちている。また、これらの例からわかるように、「所有者」が常に対格名詞の前に現われているが、「場所」が対格名詞の前に現われない場合がある。この分析は、日本語の二重目的語構文において、与格名詞が現われる位置が二つ存在することと、与格名詞が「所有者」を表すか「場所」を表すかによって基本語順が異なり得ることを示している。さらに、Miyagawa & Tsujioka (2004: 20–21) は次のような例も示している。

(11) 太郎は思ったことを口に出す。

(12) ???太郎は口に思ったことを出す[3]。

(13) 太郎は人のことに口を出す。

---

[3] Miyagawa & Tsujioka (2004) では、容認性が何段階に設定されているかについて述べられていない。「???」は、(11) に対して (12) の容認性が相当低いことを示していると考えられる。

(14) *太郎は口を人のことに出す。

これらの例は慣用的表現であるが、(11) と (12) からわかるように与格名詞が無生名詞である場合は、対格名詞が与格名詞に先行し、逆の場合は文の容認度が落ちている。一方で、(13) と (14) からわかるように、与格名詞が有生名詞である場合は、与格名詞が対格名詞に先行し、逆の場合は文法的に容認不可能な文となる。

以上のことは、日本語の二重目的語構文において与格名詞が有生名詞である場合、基本語順が「主格名詞・与格名詞・対格名詞・動詞」であるのに対して、与格名詞が無生名詞である場合、基本語順が「主格名詞・対格名詞・与格名詞・動詞」である可能性が高いことを示唆している。また、このことは他の研究でも指摘されている (Ito, 2007)。

Öztürk (2004) は Miyagawa & Tsujioka (2004) の議論に基づいて、トルコ語でも与格名詞が「所有者」を表す場合と「場所」を表す場合とで基本語順が異なり得ることを指摘した。Öztürk (2004) によれば、与格名詞が「所有者」を表す場合は「主格名詞・与格名詞・対格名詞・動詞」が基本語順であり、与格名詞が「場所」を表す場合は「主格名詞・対格名詞・与格名詞・動詞」が基本語順である。以下に示すように、Öztürk (2004: 216) はこの主張を先行詞と照応形の間の束縛関係で裏付けている。まず、与格名詞が「所有者」を表す場合を見てみよう。

(15) Her　adam-a$_i$　resim-in-i$_i$　ver-di-m.[4]
各　男の人-与格　絵-三人称-対格　あげ-過去形-一人称
「私はそれぞれの男の人に$_i$彼ら自身の絵を$_i$あげた」

(16) *Resim-in-i$_i$　her　adam-a$_i$　ver-di-m.
絵-三人称-対格　各　男の人-与格　あげ-過去形-一人称
*「私は彼ら自身の絵を$_i$それぞれの男に$_i$あげた。」

[4]「$_i$」は同じ登場人物を表している。

(15) 及び (16) において *her adam*（それぞれの男の人）は先行詞であり、*resimini*（彼らの絵）は照応形である。(15) では先行詞が照応形を束縛しているが、(16) では束縛できない。このため、(16) は文法的に容認不可能であると判断されている。Öztürk (2004) はこの分析に基づいて、「所有者」を表す与格名詞が対格名詞よりも高い位置に存在する、すなわち与格名詞が対格名詞より先に現れることを示唆していると述べている。Öztürk はこの例に対して、「場所」を表す与格名詞の位置について次のような例を示している。

(17) Resim-i_i　çerçeve-sin-e_i　koy-du-m
　絵-対格　枠-三人称-与格　置き-過去形-一人称
　「私は絵を $_i$ そのフレームに $_i$ 入れた。」

(18) *Çerçeve-sin-e_i　resim-i_i　koy-du-m
　枠-三人称-与格　絵-対格　置き-過去形-一人称
　「*私はそのフレームに $_i$ 絵を $_i$ 入れた。」

(17) 及び (18) において対格を伴っている *resim*（絵）は先行詞であり、与格を伴っている *çerçevesine*（そのフレームに）は照応形である。(17) では先行詞が照応形を束縛しているが、(18) では束縛できない。このため、(17) は文法的に容認可能であるのに対して、(18) は容認不可能であると判断されている。Öztürk (2004) はこの分析に基づいて、「場所」を表す与格名詞が対格名詞よりも低い位置に存在する、すなわち与格名詞が対格名詞の後に現れる可能性を示していると述べている。

これらの分析が正しいとすれば、トルコ語でも日本語のように二重目的語構文の基本語順が二つ存在するということになる。つまり、与格名詞が「所有者」を表す場合は基本語順が「主格名詞・与格名詞・対格名詞・動詞」である。これに対して、与格名詞が「場所」を表す場合は基本語順が「主格名詞・対格名詞・与格名詞・動詞」である。以下の例で言えば、(3) と (4) の場合においては、「所有者」を表す与格名詞が対格名詞に先行しているため、(3) が基本語順の文である。一方、以下の (5) と (6) の場合においては、「場所」を表す与格名詞が対格名詞に後続しているため、(5) が基本語順の文である。

(3) 再掲	Ali	Veli-ye	ev-i	göster-di
	アリ-主格	ヴェリ-与格	家-対格	見せ-過去形

「アリがヴェリに家を見せた。」

(4) 再掲	Ali	ev-i	Veli-ye	göster-di
	アリ-主格	家-対格	ヴェリ-与格	見せ-過去形

「アリが家をヴェリに見せた。」

(5) 再掲	Ali	Veli-yi	ev-e	götür-dü
	アリ-主格	ヴェリ-対格	家-与格	連れて行き-過去形

「アリがヴェリを家に連れて行った。」

(6) 再掲	Ali	ev-e	Veli-yi	götür-dü
	アリ-主格	家-与格	ヴェリ-対格	連れて行き-過去形

「アリが家にヴェリを連れて行った。」

上述のように、トルコ語の二重目的語の基本語順に関するそれぞれの主張は（Kornfilt, 1997, 2003; Kural, 1992; Underhill, 1972 cf. Öztürk, 2004）、研究者の内省的直感、もしくはトルコ語母語話者のインフォーマントによる判断に基づいて導かれたものであり、実際にトルコ語母語話者がこれらのような文をどのように理解し、産出するかという心理言語学的観点からは裏付けられていない。そこで、本研究ではこれまでに見てきたようなデータを受けて、トルコ語母語話者が二重目的語構文をどのように処理して、文理解に至るかを実験的に検討し、一つの証拠を示すことを目的とした。実験に移る前に、二重目的語構文の処理過程について調べた先行研究を紹介する。

2.2. かき混ぜ文の処理

Sakerina (2003) は、かき混ぜ文の処理過程を実験的に調べることの重要性について 2 点を挙げている。まず、かき混ぜ文の処理研究は、言語学で解決されていない問題に対して、実験的な手法を用いて話者が頭の中で文をどのように組み立てるか、すなわち文がどのように表象されるかを調べることで、一つの心理言語学的証拠を提供することができる。つまり、実験データは言語学において対立する仮説を区別するための手がかりとして利用できる。二点目は、認知科学の領域において、様々な言語を研究対象とした上で、人間の文の理解過程を支配する原理及び制約を説明し、普遍的な文処理メカニズムの構築に貢献できるという点である。これまで様々な言語において、心理言語学的研究を通して言語学で対立する仮説の有効性を検証するために研究が行われている（e.g., Clashen & Featherston, 1999 (ドイツ語); Koizumi & Tamaoka, 2004 (日本語); 栗林、2009 (トルコ語)[5]; Sakerina, 2003 (ロシア語))。以下では、本研究と最も関連すると考えられる日本語の先行研究について紹介する。

日本語でも二重目的語構文の基本語順をめぐって研究者の間で意見が分かれている。たとえば、Hoji (1985) は日本語の二重目的語の基本語順が「主格名詞・与格名詞・対格名詞・動詞」であると主張している。これに対して、Miyagawa (1997) は、「主格名詞・与格名詞・対格名詞・動詞」と「主格名詞・対格名詞・与格名詞・動詞」の両者とも基本語順であり得ると主張した。一方で、Matsuoka (2003) は動詞の種類によって日本語の二重目的語構文の基本語順が異なると主張している。Matsuoka (2003) によれば、日本語の二重目的語構文が他動詞・自動詞交替を起こす際に二つのパターンがある。

(19) a. 太郎が次郎に本を見せた。
 b. 次郎が本を見た。

(20) a. 太郎が本を次郎に渡した。
 b. 本が次郎に渡った。

(19) では、他動詞・自動詞交替を行った際、与格を伴う名詞（次郎）が、交替文において主格を伴うようになる。これに対して、(20) では、対格を伴う名詞（本）が、交替文において主格を伴うようになる。Matsuoka (2003)

[5] 栗林 (2009) は、本研究と違って Aliyi arı soktu（アリを蜂が刺した）／Arı Aliyi soktu（蜂がアリを刺した）のような文の理解のし易さを比較し、「主語編入」という現象について対立する仮説の妥当性を検証している。

はこの分析に基づいて、交替文において主語となる名詞は、二重目的語構文において高い位置にあると主張し、日本語の二重目的語構文が「『見せる』タイプ」と「『渡す』タイプ」とで二つ存在すると議論した。Matsuokaによれば、「『見せる』タイプ」の動詞の場合は基本語順が「主格名詞・与格名詞・対格名詞・動詞」であるのに対して、「『渡す』タイプ」の動詞の場合は「主格名詞・対格名詞・与格名詞・動詞」が基本語順である。

Koizumi & Tamaoka (2004) は、日本語の二重目的語構文の基本語順に関する三つの仮説（cf. Hoji, 1985; Miyagawa, 1997; Matsuoka, 2003）の有効性について検証するために、次のような文を用いて、文の適格性を判断するまでの時間を計測する実験を行った[6]。

(21) 「『見せる』タイプ」
  a. 太郎が友子に泥水を浴びせた。
  b. 太郎が泥水を友子に浴びせた。

(22) 「『渡す』タイプ」
  a. 太郎が順子に伝言を伝えた。
  b. 太郎が伝言を順子に伝えた。

これまで多くの研究では、かき混ぜ文の方が基本語順の文よりも読み時間、あるいはその適性判断に要する時間が長いことが報告されている。(e.g., 中條、1983; Miyamoto & Takahashi, 2004; Tamaoka et al., 2003, 2005)。つまり、かき混ぜ文の方が基本語順の文よりも処理コストが高いことが知られている。Koizumi & Tamaoka (2004) はこのような前提に立って、文の適格性判断に要する時間について次のような予測を立てた。Hoji (1985) が主張しているように、「主格名詞・与格名詞・対格名詞・動詞」が基本語順であれば、動詞の種類とは無関係に「主格名詞・与格名詞・対格名詞・動詞」の語順からなっている文（21a–22a）の適格性判断に要する時間が「主格名詞・対格名詞・与格名詞・動詞」の語順からなっている文（21b–22b）よりも短い。こ

---

[6] ここで代表的な実験文を1文ずつ示すが、このような実験では多くの文が使用される。なお、Koizumi & Tamaoka は各条件において10文ずつ使用している。

れに対して、Miyagawa (1997) が主張しているように、基本語順が二つあるとすれば、それぞれ (21) と (22) の適格性判断に要する時間が条件間で異ならない。一方で、Matsuoka (2003) の「基本語順が動詞の種類によって異なる」という主張が正しいとすれば、文の適格性判断に要する時間は、(21a) が (21b) よりも短いのに対して、(22a) の方が (22b) よりも長い。

適格性判断課題の結果、どの条件においても「主格名詞・与格名詞・対格名詞・動詞」の語順の方が「主格名詞・対格名詞・与格名詞・動詞」の語順のよりも判断時間が短いことがわかった。Koizumi & Tamaoka (2004) は、この結果に基づいて、Hoji (1985) の仮説が有効であると述べ、日本語の二重目的語の基本語順は、動詞の種類とは無関係に「主格名詞・与格名詞・対格名詞・動詞」であると主張した。また、このような実験結果は他の実験法を用いた研究でも報告されている（e.g., Koso et al., 2007; Miyamoto & Takahashi, 2004）。

近年、酒井他 (2009) は「『見せる』タイプ」の動詞の場合、与格名詞が人間や動物などのように生き物を表す有生名詞であるのに対して、「『渡す』タイプ」の動詞の場合、無生物を表す無生名詞であることが多いと指摘した。また、Koizumi & Tamaoka (2004) の実験に関して、「『渡す』タイプ」の動詞の場合は、与格名詞がすべて有生名詞であったため、結果に何らかの影響が出た可能性を指摘し、次のような文を用いて事象関連電位を指標とした実験を行った[7]。

(23) a. 母親がソースをケチャップに混ぜた。
b. 母親がソースにケチャップを混ぜた。

実験の結果、(23b)「ケチャップを」の位置で左前頭部に有意な陰性成分が観察された。酒井他 (2009) は、この成分は構造解析に伴う処理負荷が上昇する際に惹き起こされると述べている。この結果は、(23a) の方が (23b) より処理し易かったことを示している。つまり、与格名詞が無生名詞である場合は、「主格名詞・与格名詞・対格名詞・動詞」の語順よりも「主格名詞・対格名詞・与格名詞・動詞」の語順の方が理解し易いと言える。これは、名

[7] 脳波の変化を測定する実験法の一つである（郡司・坂本、1998）。

詞の有生性が日本語における二重目的語構文の処理の難易度に関与している可能性が高いことを示唆している。

2.1では、トルコ語でも与格名詞の有生性が二重目的語構文の語順の構成に関わり得るという Öztürk (2004) の分析を紹介した。しかし、現在までのところ、トルコ語では日本語で行われたように心理言語学的研究の観点から二重目的語構文の処理過程について検証されていない。本研究を行うことで、トルコ語の言語学で対立する仮説の有効性について検証すると同時に、有生性のような文処理の難易度に関与し得る要因について検討できる。更に、本研究で得られる結果を他の言語の先行研究と照らし合わせることで、対照心理言語学的な観点からも検討し、言語間の文処理過程の共通点及び相違点について新たなデータを提供することができる。そこで、本研究ではこれらの点について検討するために二つの実験を行った。次章ではこれらの実験について紹介する。

3. 実験

まず、二つの実験の概要と方法について簡単に紹介する。実験1では、与格名詞が「所有者」を表す有生名詞である場合、そして実験2では「場所」を表す無生名詞である場合の二重目的語構文の処理過程について調査した。先行研究ではかき混ぜ文の方が基本語順の文よりも処理負荷が高いと言われている（e.g., 中條, 1983; Koizumi & Tamaoka, 2004; Miyamoto & Takahashi, 2004; Tamaoka et al., 2003, 2005）。つまり、一般的に基本語順の文の方がかき混ぜ文より理解し易いと想定されている。本研究においてもこのような前提に立てば、実験結果に対して次のような予測が成り立つ。

トルコ語では多くの研究者が言っているように、二重目的語構文の基本語順が「主格名詞・対格名詞・与格名詞・動詞」であれば（Kornfilt, 1997, 2003; Kural, 1992; Underhill, 1972）、実験1においても実験2においても、与格名詞が何を表すかとは無関係に、常に「主格名詞・対格名詞・与格名詞・動詞」の語順の方が「主格名詞・与格名詞・対格名詞・動詞」の語順よりも処理し易いと予想される。一方で、Öztürk (2004) が主張しているように、トルコ語の二重目的語構文の基本語順が、与格名詞が「所有者」を表す場合と「場所」を表す場合とで異なるならば、実験1と実験2の結果に対する予測が異なる。与格名詞が「所有者」を表す場合は「主格名詞・与格名詞・対格名詞・動詞」の方が「主格名詞・対格名詞・与格名詞・動詞」の語順より処理し易いと予想される（実験 1 ）。これに対して、与格名詞が「場所」を表す場合は「主格名詞・対格名詞・与格名詞・動詞」の方が「主格名詞・与格名詞・対格名詞・動詞」の語順よりも処理し易いと予想される（実験 2 ）。これらの予測について検討するために、「自己ペース読文法」という実験手法を用いた。

自己ペース読文法は、文処理研究において最も広く使用される実験法の一つである（郡司・坂本、1998; Just et al., 1982）。この実験法では、実験参加者は、パソコンの画面に単語、または文節毎に呈示される文をボタンを押しながら読み、その内容に関する質問に答える。一回ボタンを押してから、次に押すまでの時間がその単語の読み時間として記録される。この実験法について、文が一括に呈示されないため、読み方が不自然であるという批判がある。しかし、実験参加者が文を処理する際に、文のどの時点でどれくらい時間を費やすかを計測できるというメリットがある。また、この実験法で得られる結果は、全般的に眼球運動や事象関連電位の実験で得られる結果と平行すると言われている（郡司・坂本、1998）。文全体を一括に呈示した実験の場合は、全体の読み時間が計測できても、処理負荷が文のどの時点で生じたかを直接観察できない（Miyamoto & Nakamura, 2005）。本研究では、トルコ語母語話者が二重目的語構文を読んでいる際に、処理負荷が文のどの時点で生じるかを調べるため、自己ペース読文法を用いることにした。

3.1. 実験 1：与格名詞が「所有者」を表す場合

3.1.1. 目的

実験 1 では、トルコ語の二重目的語構文において与格名詞が「所有者」を表す場合、対格名詞の前に現われるか後に現われるかによって文処理の難易度が異なるか否かを検討する。

3.1.2. 実験材料と結果に対する予測

実験 1 では、以下に示したような 2 要因 2 水準をなす 4 条件を設けた。刺激文は20組、80文用意した。刺激文の呈示にはラテン方格法を採用し、20

組の文をそれぞれの条件で四つに分けた。また、実験2で使用する20組の文と本研究と関係のないフィラー文を62文用意し、参加者1名に対して、合計102文をランダムに呈示した[8]。本実験で使用した刺激文の1組は表1の通りである。

表1　実験1における刺激文

領域	1	2	3	4	5	6	7	8
与＞対	Milletvekili	seçimden	önce	valiy-ye	ilçe-yi	tanıttı	diye	okudum
隣同士	議員-主格	選挙	前に	県知事-与格	町-対格	紹介した	と	読んだ
条件	「(私は) 議員が選挙の前に県知事に町を紹介したと読んだ」							
対＞与	Milletvekili	seçimden	önce	ilçe-yi	valiy-ye	tanıttı	diye	okudum
隣同士	議員-主格	選挙	前に	町-対格	県知事-与格	紹介した	と	読んだ
条件	「(私は) 議員が選挙の前に町を県知事に紹介したと読んだ」							
与＞対	Milletvekili	valiy-ye	seçimden	önce	ilçe-yi	tanıttı	diye	okudum
長距離	議員-主格	県知事-与格	選挙	前に	町-対格	紹介した	と	読んだ
条件	「(私は) 議員が県知事に選挙の前に町を紹介したと読んだ」							
対＞与	Milletvekili	ilçe-yi	seçimden	önce	valiy-ye	tanıttı	diye	okudum
長距離	議員-主格	町-対格	選挙	前に	県知事-与格	紹介した	と	読んだ
条件	「(私は) 議員が町を選挙の前に県知事に紹介したと読んだ」							

二つの実験においても与格名詞と対格名詞の語順という要因に距離という要因も加えた。ここでいう距離とは、与格名詞と対格名詞が離れているか、隣同士であるかということを指す。これは、Miyamoto & Takahashi (2004) が、日本語で与格名詞と対格名詞の距離が増えると文の処理負荷が増大することを指摘したためである。トルコ語でも、与格名詞と対格名詞の語順に加えて、距離という要因が二重目的語構文の処理の難易度に関与するか否かを確認するため、このような要因を設けた。

「与＞対・隣同士」条件では、主格名詞に続く副詞節の後に与格名詞が呈示され、その後に対格名詞と埋め込み動詞が呈示される。「対＞与・隣同士」条件では与格名詞が対格名詞と埋め込み動詞の間に呈示される。「与＞対・長距離」条件では、与格名詞が主格名詞の直後に呈示され、対格名詞は与格

8 刺激文とは、研究対象となっている文のことである。フィラー文は実験中に参加者に実験の目的を予測させないために使用される文のことである。

名詞に続く副詞節の後に呈示される。一方、「対＞与・長距離」条件では、対格名詞が主格名詞の直後に呈示され、与格名詞は対格名詞に続く副詞節の後に呈示される。自己ペース読文実験では、様々な要因の影響で文末の処理負荷が増大することがある。しかし、これは何によるかはっきりしない場合がある。3項動詞の位置でこのような文末効果を避けるために、二重目的語構文を埋め込み節（引用文）の中で呈示することにした。実験の結果に対する予測は以下の通りである。

Kornfilt（1997, 2003）など多くの研究者が主張しているように、「主格名詞・対格名詞・与格名詞・動詞」がトルコ語の二重目的語構文の基本語順であれば、対格名詞が与格名詞に先行する条件の方の読み時間が速いと予想される。一方で、Öztürk (2004) が主張しているように、与格名詞が「所有者」を表す場合、「主格名詞・与格名詞・対格名詞・動詞」が基本語順であれば、与格名詞が対格名詞に先行する条件の方の読み時間が速いと予想される。Miyamoto & Takahashi (2004) は、日本語でかき混ぜ効果による処理負荷の差が埋め込み動詞の直前の位置で観察されたと報告している。この結果に基づけば、トルコ語でも、かき混ぜ効果による処理負荷の差が埋め込み動詞の直前 *ilçeyi*（町を）と *valiye*（県知事に）の位置で観察されると予想される。また、日本語のように与格名詞と対格名詞の距離も文処理の難易度に関与するならば、二つの名詞が離れている場合の処理負荷が離れていない場合より高いと予想される。これらの予測について検討するために実験 1 を行った。次に、実験参加者と実験の手続きについて紹介し、その後結果を示す。

3.1.3.　実験参加者及び手続き

実験 1 には、チャナッカレ・オンセキズ・マルト大学（トルコ）の学生52名が参加した。全員トルコ語母語話者であった。彼らの平均年齢は21歳であった（年齢の範囲は18歳から～33歳までであった）。

実験は、Linger 2.94（Douglas Rhode 開発）というソフトを用いて、移動窓に現れる単語毎に、実験参加者ペースの読み時間を計測する自己ペース読文法によって行われた[9]。参加者は、ノートパソコンの画面に呈示された文を

[9] http://tedlab.mit.edu/~dr/Linger

スペース・バーを押しながら一単語ずつ文を読むように指示された。文を読み終わった後、yes-no の質問形式を用いた正誤判断課題が行われた。これは、参加者が文の意味を適格に理解したかどうかを確認するためであった。また、彼らに対しては、実験を始める前に練習セッションを設け、文をできるだけ自然なスピードで読むように教示した。実験は個別に行われ、約30分で終わった。

3.1.4. 結果

正誤判断課題の結果は次の通りであった。「与＞対・隣同士」条件の正答率が95％、「対＞与・隣同士」条件の正答率が94％、「与＞対・長距離」条件の正答率が94％、「対＞与・長距離」条件の正答率が93％であった。この結果に関して、2要因2水準配置の被験者内分散分析を行った結果、語順と距離の主効果及び交互作用は有意ではなかった（全ての F で n.s.）[10]。この結果は、4条件において正答率が統計的に異ならなかったことを示している。

読み時間に関する統計分析は、正誤判断課題に正答したものに限って行った。また、読み時間が極めて短いデータと長いデータを分析の対象から除外するために、250ms（ミリセカンド）を下回るデータと2500ms を超えるデータを外れ値として設定し、分析に入れなかった[11]。この手続きは使用できる全データの内3.1％に影響を及ぼした。それぞれの単語（領域）の読み時間は図1の通りであり、課題の解明に重要な領域は，与格名詞と対格名詞が呈示された領域5及び埋め込み動詞が呈示された領域6である[12]。

---

10 分散分析という統計法において F 分布が有意水準に達していない（non-significant）ことを示す。

11 単語毎の読み時間を計測する実験では、実験参加者が単語を読む前に誤ってスペース・バーを押してしまうことがある。また、スペース・バーを押す反応時間は200ms 程度であるため、呈示された単語を認識してからスペース・バーを押すには、最低でも250–300ms の時間を要する。そこで本研究では250ms 以下の読み時間に関して、適切な理解が行われなかったと判断し、分析の対象から除外した。

12 Miyamoto & Nakamura (2004) に基づけば、かき混ぜ効果が埋め込み動詞の前で観察されると予想される。しかし、自己ペース読文実験では、一つの領域の処理が完全に終わらないまま次の領域に進むと、前の領域の処理の影響が次の領域で現われることがある。このため、領域6も課題の解明に重要な領域であるとみなし、分析を行う。

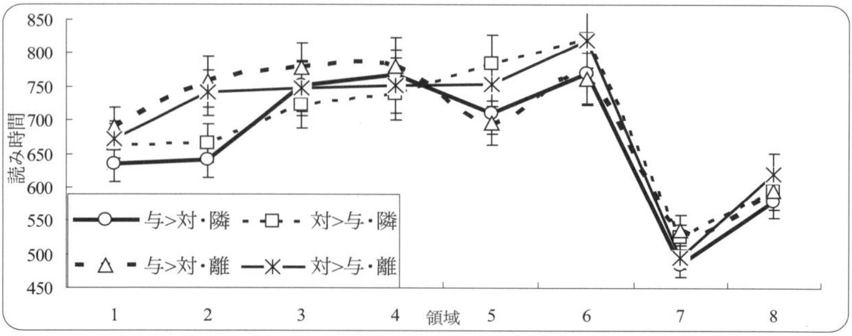

図 1　与格名詞が「所有者」を表す場合の読み時間

同じ領域において長さが異なる単語の読み時間を比較するため、通常の読み時間ではなく、一字を読むのに必要な時間に基づいてそれぞれの単語の読み時間を示す残差の読み時間に基づいて（Ferreira & Clifton, 1986）、2 要因 2 水準配置の被験者内要因の分散分析を行った。なお、図では通常の読み時間を示している。4 条件のそれぞれの領域の残差の読み時間に関する統計分析の結果は次の通りである。

領域 1 では、語順と距離の主効果及び交互作用は有意ではなかった。つまり、4 条件の間で領域 1 の読み時間に有意差が認められなかった。

領域 2 では距離の主効果が有意であり [F_1 (1,51) = 18.56, p < .01; F_2 (1,19) = 8.49, $p < .01$][13]、語順の主効果及び、語順と距離の交互作用は有意ではなかった。この結果は、与格名詞と対格名詞が隣同士になっている条件の読み時間の方が離れている条件より短かったことを示している。しかし、領域 2 においては名詞と副詞の読み時間を比較しているため、この差は本研究で扱っている課題を解明する上で重要ではない。

領域 3 と領域 4 では、語順と距離の主効果及び交互作用は有意ではなかった。つまり、これらの領域では、4 条件の間で読み時間に有意差がなかった。

与格名詞と対格名詞が呈示された領域 5 では、語順の主効果は有意であり [F_1 (1,51) = 14.16, $p < .01$; F_2 (1,19) = 5.61, $p < .05$]、距離の主効果と交互作用は有意ではなかった。この結果は、領域 5 において対格名詞の方が与格名詞

---

[13] F_1 は被験者分析，F_2 は項目分析によって得られた F 値を表す。

よりも速く読まれてことを示している。

埋め込み動詞が呈示された領域 6 では、語順の主効果は項目分析において有意であり [F_1 (1,51) = 3.94, p = .053; F_2 (1,19) = 6.04, p < .05]、距離の主効果と交互作用は有意ではなかった。この結果は、埋め込み動詞の位置でも与格名詞が対格名詞に先行する文の読み時間が速かったことを示している。

領域 7 では、語順と距離の主効果は有意ではなかったが、交互作用は有意であった [F_1 (1,51) = 6.35, p < .01; F_2 (1,19) = 17.07, p < .01]。そこで、単純主効果の検定を行った結果、与格名詞と対格名詞が隣同士になっている条件では与格名詞が対格名詞に先行している場合の読み時間が速いのに対して、名詞が離れている条件では対格名詞が与格名詞に先行している場合の読み時間の方が速いことがわかった。

最後の領域 8 では、語順と距離の主効果及び交互作用は有意ではなかった。つまり、これらの領域では、4 条件の間で読み時間に有意差がなかった。

3.1.5. 考察

以上の結果は、かき混ぜ効果が観察されると想定していた領域 5 と埋め込み動詞が呈示された領域 6 において、与格名詞と対格名詞の距離とは無関係に与格名詞が対格名詞に先行する文の方が速く読まれたことを示している。つまり、「主格名詞・与格名詞・対格名詞・動詞」の語順の方が「主格名詞・対格名詞・与格名詞・動詞」より処理し易かったと言える。

この結果は、与格名詞が「所有者」を表す場合、二重目的語構文の基本語順は「主格名詞・与格名詞・対格名詞・動詞」であると主張した Öztürk (2004) と一致している。一方で、トルコ語における二重目的語構文の基本語順は「主格名詞・対格名詞・与格名詞・動詞」であるという研究とは一致しない (Kornfilt, 1997, 2003; Kural, 1992; Underhill, 1972)。基本語順の文の方がかき混ぜ文より処理し易いと仮定すれば (e.g., 中條、1983; Koizumi & Tamaoka, 2004; 栗林、2009; 玉岡他、2003, 2005)、今回の結果は、与格名詞が「所有者」を表す場合「主格名詞・与格名詞・対格名詞・動詞」が基本語順であり得ることを示唆している (Öztürk, 2004)。しかし、現段階では、Kornfilt (1997, 2003) など多くの研究者の仮説の有効性は検証されなかったといえども、まだ Öztürk (2004) の仮説は完全に有効であると証明されたとは言えない。なぜならば、Öztürk (2004) の「与格名詞が「場所」を表す場合「主格名詞・対格名詞・与格名詞・動詞」が基本語順である」という分析についてまだ検証されていないからである。そこで、Öztürk (2004) の分析の有効性について検証するために、与格名詞に「場所」を表す無生名詞を使用して実験 2 を使うことにした。

3.2. 実験 2：与格名詞が「場所」を表す場合

3.2.1. 目的

実験 2 では、トルコ語の二重目的語構文において与格名詞が「場所」を表す場合、与格名詞が対格名詞の前に現われるか後に現われるかによって、文処理の難易度が異なるか否かを検討する。

3.2.2. 実験材料と結果に対する予測

実験 2 では、以下に示したような 2 要因 2 水準をなす 4 条件を設けた。刺激文は20組、80文用意した。刺激文の呈示にはラテン方格法を採用し、20組の文をそれぞれの条件で四つに分けた。また、実験 1 で使用した20組の文とフィラー文を62文用意し、参加者 1 名に対して、合計102文をランダムに呈示した。本実験で使用した刺激文の 1 組は表 2 の通りである。

「対＞与・隣同士」条件では、主格名詞に続く副詞節の後に対格名詞が呈示され、与格名詞と埋め込み動詞が呈示された。「与＞対・隣同士」条件では与格名詞が対格名詞の直後に呈示された。「対＞与・長距離」条件では、与格名詞が主格名詞の直後に呈示され、対格名詞は与格名詞に続く副詞の後に呈示された。一方、「与＞対・長距離」条件では、対格名詞が主格名詞の直後に呈示され、与格名詞は対格名詞に続く副詞節の後に呈示された。実験 2 の結果に対する予測は以下の通りである。

与格名詞が「場所」を表す場合、「主格名詞・対格名詞・与格名詞・動詞」が基本語順であれば（Öztürk, 2004)、対格名詞が与格名詞に先行する条件の方の読み時間が速いと予想される。また実験 1 の結果に基づけば、かき混ぜ効果による処理負荷の差が埋め込み動詞の直前の *gülü*（バラの花を）と *yere*（床に）の位置で観察され、距離の効果は見られないと予想される。

表 2　実験 2 における刺激文

領域	1	2	3	4	5	6	7	8
対＞与	Çiçekci	dükkanın	önün-de	gül-ü	yer-e	düşürdü	diye	duydum
隣同士	花屋-主格	店の	前で	バラ-対格	床-与格	落とした	と	聞いた
条件	「(私は) 花屋が店の前でバラの花を床に落としたと聞いた。」							
与＞対	Çiçekci	dükkanın	önün-de	yer-e	gül-ü	düşürdü	diye	duydum
隣同士	花や-主格	店の	前で	床-与格	バラ-対格	落とした	と	聞いた
条件	「(私は) 花屋が店の前で床にバラの花を落としたと聞いた。」							
対＞与	Çiçekci	gül-ü	dükkanın	önün-de	yer-e	düşürdü	diye	duydum
長距離	花や-主格	バラ-対格	店の	前で	床-与格	落とした	と	聞いた
条件	「(私は) 花屋がバラの花を店の前で床に落としたと聞いた。」							
与＞対	Çiçekci	yer-e	dükkanın	önün-de	gül-ü	düşürdü	diye	duydum
長距離	花や-主格	床-与格	店の	前で	バラ-対格	落とした	と	聞いた
条件	「(私は) 花屋が床に店の前でバラの花を落としたと聞いた。」							

3.2.3.　実験参加者及び手続き

実験参加者及び実験の手続きは実験 1 と同じである

3.2.4.　結果

正誤判断課題の結果は次の通りであった。「与＞対・隣同士」条件の正答率が97％、「対＞与・隣同士」条件の正答率が98％、「与＞対・長距離」条件の正答率が97％、「対＞与・長距離」条件の正答率が96％であった。この結果に関して、2 要因 2 水準配置の被験者内分散分析を行った結果、語順と距離の主効果及び交互作用は有意ではなかった（全ての F で n.s.)。この結果は、4 条件において正答率が統計的に異ならなかったことを示している。

読み時間に関する統計分析は、正誤判断課題に正答したものに限って行った。また、読み時間が極めて短いデータと長いデータを分析の対象から除外するために、250ms を下回るデータと 2500ms を超えるデータを外れ値として設定し、分析に入れなかった。この手続きは全データの内 3 ％に影響を及ぼした。それぞれの領域の読み時間は図 2 の通りであり、課題の解明に重要な領域は，与格名詞と対格名詞が呈示された領域 5 及び埋め込み動詞が呈示された領域 6 である。

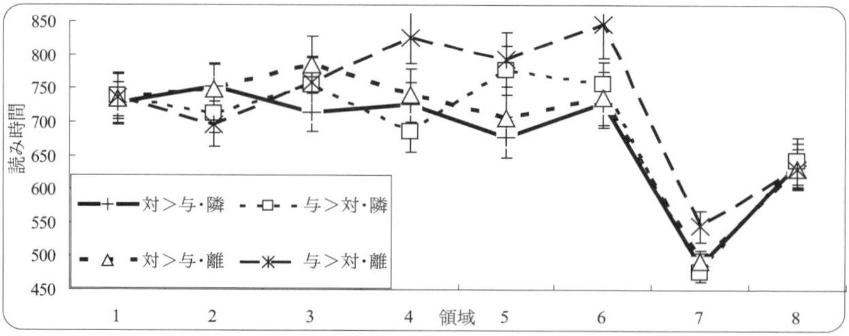

図2　与格名詞が「場所」を表す場合の読み時間

実験2においても、一字を読むのに必要な時間に基づいて各単語の読み時間を示す残差の読み時間を計算し（Ferreira & Clifton, 1986）、2要因2水準配置の被験者内要因の分散分析を行った。4条件のそれぞれの領域の残差の読み時間に関する結果は以下の通りである。

領域1では、語順と距離の主効果及び交互作用は有意ではなかった。つまり、4条件の間で領域1の読み時間に有意差が認められなかった。

領域2では語順の主効果が有意であり [F_1 (1,51) < 7.19, p < .01; F_2 (1,19) < 4.96, p < .05]、距離の主効果及び、語順と距離の交互作用は有意ではなかった。

領域3では距離の主効果は有意であり、[F_1 (1,51) = 6.09, p < .01; F_2 (1,19) = 3.99, p = .06]、語順の主効果及び、語順と距離の交互作用は有意ではなかった。この結果は、与格名詞と対格名詞が隣同士になっている条件の方が離れている条件より文の読み時間が速かったことを示している。

領域4では、語順と距離の主効果は有意ではなかったが、交互作用は有意であった [F_1 (1,51) = 9.35, p < .01; F_2 (1,19) < 6.08, p < .05]。単純主効果の検定を行った結果、与格名詞と対格名詞が隣同士になっている条件では、与格名詞の方が対格名詞より速く読まれた。これに対して、与格名詞と対格名詞が離れている条件では、対格条件の方が与格条件より速かった。領域2から領域4まで別の品詞の読み時間を比較しているため、ここで観察された差は本研究で扱う課題を解明する上で重要ではない。

与格名詞と対格名詞が呈示された領域5では、語順の主効果は有意であり

[F_1 (1,51) = 9.36, $p < .01$; F_2 (1,19) = 13.97, $p < .01$]、距離の主効果と交互作用は有意ではなかった。この結果は、領域5において与格名詞の方が対格名詞よりも速く読まれてことを示している。

埋め込み動詞が呈示された領域6でも、領域5と同様に、語順の主効果は有意であり [F_1 (1,51) = 7.34, $p < .01$; F_2 (1,19) = 6.92, $p < .05$]、距離の主効果と交互作用は有意ではなかった。この結果は、埋め込み動詞の位置でも与格名詞が対格名詞に先行する文の読み時間が速かったことを示している。

領域7では、距離の主効果は有意であり [F_1 (1,51) = 7.9, $p < .05$; F_2 (1,19) = 5.94, $p < .05$]、交互作用も有意であった [F_1 (1,51) = 5.42, $p < .05$; F_2 (1,19) = 4.76, $p < .05$]。そこで、単純主効果の検定を行った結果、長距離条件において、対格名詞が与格名詞に先行している文の読み時間が速いことがわかった。

最後の領域8では、語順と距離の主効果及び交互作用は有意ではなかった。つまり、これらの領域では、4条件の間で読み時間に有意差がなかった。

3.2.5. 考察

以上の結果は、かき混ぜ効果が観察されると想定していた領域5と動詞が呈示された領域6において、与格名詞と対格名詞の距離とは無関係に対格名詞が与格名詞に先行する文の方が速く読まれたことを示している。つまり、「主格名詞・対格名詞・与格名詞・動詞」の語順の方が「主格名詞・与格名詞・対格名詞・動詞」より処理し易かったと言える。この結果は実験1の結果と逆になっている。

実験2の結果は、与格名詞が「場所」を表す場合、二重目的語構文の基本語順が「主格名詞・対格名詞・与格名詞・動詞」であるという Öztürk (2004) の主張と一致するものである。つまり、Öztürk (2004) が提案したトルコ語の二重目的語構文の基本語順に関する仮説の有効性が文処理の観点からも裏付けられたと言える。以下では、二つの実験結果について詳細に考察を行う。

4. 総合考察

本研究の目的は、実験的手法を用いて心理言語学的観点からトルコ語の二重目的語構文の基本語順に関する二つの仮説の有効性について検証することであった。二つの自己ペース読文実験の結果から次のようなことがわかった。

実験1では、与格名詞が「所有者」を表す有生名詞である場合「主格名詞・与格名詞・対格名詞・動詞」の語順の方が「主格名詞・対格名詞・与格名詞・動詞」の語順より処理し易かった。一方、実験2では、与格名詞が「場所」を表す無生名詞である場合「主格名詞・対格名詞・与格名詞・動詞」の語順の方が「主格名詞・与格名詞・対格名詞・動詞」の語順より処理し易かった。これらの結果は、「トルコ語の二重目的語構文の基本語順は「主格名詞・対格名詞・与格名詞・動詞」である」と主張した研究者ら（Kornfilt, 1997, 2003; Kural, 1992; Underhill, 1972）に対して、「与格名詞が「所有者」を表すか「場所」を表すかによって基本語順が異なる」と提案したÖztürk (2004) の仮説を支持している。従って、今回の実験では、文処理の観点から見た場合でも、二重目的語構文の基本語順が二つ存在し得ることが示唆されたと言える。つまり、以下に示す (3) と (4) の場合においては、「所有者」を表す与格名詞が対格名詞に先行している (3) が基本語順の文であるのに対して、(5) と (6) の場合においては、「場所」を表す与格名詞が対格名詞に後続している (5) が基本語順の文である可能性が高いことが心理言語学観点からも示唆されたと言える。

(3) 再掲	Ali	Veli-ye	ev-i	göster-di
	アリ-主格	ヴェリ-与格	家-対格	見せ-過去形
	「アリがヴェリに家を見せた。」			

(4) 再掲	Ali	ev-i	Veli-ye	göster-di
	アリ-主格	家-対格	ヴェリ-与格	見せ-過去形
	「アリが家をヴェリに見せた。」			

(5) 再掲	Ali	Veli-yi	ev-e	götür-dü
	アリ-主格	ヴェリ-対格	家-与格	連れて行き-過去形
	「アリがヴェリを家に連れて行った。」			

(6) 再掲　Ali　　　ev-e　　　Veli-yi　　　götür-dü
　　　　アリ-主格　家-与格　ヴェリ-対格　連れて行き-過去形
　　　　「アリが家にヴェリを連れて行った。」

しかし、本研究は「主格名詞・対格名詞・与格名詞・動詞」が基本語順の文であるという研究者らの分析が完全に間違っていると主張するものではない。なぜならば実験 2 では、これらの研究者の主張も部分的に支持されたからである。ただし、本研究では Kornfilt (1997, 2003) や Kural (1992)、Underhill (1972) の分析が不十分である可能性が示されたと言える。つまり、これらの先行研究では、二重目的語構文を構成する名詞の有生性が視野に入れられていなかったため、二重目的語構文の基本語順に関して偏った結論が導き出された可能性がある。本研究では、与格名詞の有生性が二重目的語構文の基本語順の構成のみならず、その理解のし易さにも関与していることが示唆された。従って、トルコ語の二重目的語構文について理論的、または実験的研究を行う際に、名詞の有生性を視野に入れた上で、できるだけたくさんの文を用いて検証を行う必要があると言える。

では、なぜ与格名詞が「所有者」を表す場合と「場所」を表す場合とで文処理の難易度が異なったのだろうか。この点について、日本語の先行研究と照らし合わせつつ考察する。実験 1 の結果は、「主格名詞・与格名詞・対格名詞・動詞」の語順の方が「主格名詞・対格名詞・与格名詞・動詞」の語順より処理し易いという日本語の先行研究と一致している（e.g., Koizumi & Tamaoka, 2004; Koso et al., 2007; Miyamoto & Takahashi, 2004）。Miyamoto & Takahashi (2004) はこの結果に関して、格助詞から得られる統語的情報が文処理過程において最も重要な要因であると述べている。つまり、格助詞から生み出される文の句構造に対する予測が処理の難易度に強い影響を与える。この説明は実験 1 の結果に当てはまると考えられる。トルコ語母語話者が「所有者」を表す与格名詞を読んだ時点で、「アリがヴェリに「本をあげた」。」のように 3 項動詞が登場すること、従って与格名詞の後で対格名詞が現われることを予測した可能性がある。一方で、対格名詞を先に読んだ際に、「アリがヴェリを「待っていた」。」のように 2 項動詞を予測し、別の名詞を予測しなかった可能性がある。このように格助詞から生み出された、後続する構造に対する予測の相違によって処理負荷の差が生じた可能性があると言える。

しかし、酒井他 (2009) は、格助詞のみならず名詞の有生性から得られる意味的情報も重要であることを指摘している。実験1の結果だけでは有生性の影響について判断できないが、実験2の結果は重要な可能性を示してくれる。もし、Miyamoto & Takahashi (2004) が述べているように、格助詞から得られる統語情報が文処理過程において最も重要な要因であれば、実験2でも実験1と同様に、「主格名詞・与格名詞・対格名詞・動詞」の語順の方が「主格名詞・対格名詞・与格名詞・動詞」より処理し易かったはずである。しかし、結果は逆であった。このことは、トルコ語母語話者も日本語母語話者のように二重目的語構文を処理している際に格助詞のみならず、名詞の有生性から得られる意味的情報をも即座に使用し（酒井他、2009)、文理解に至ったことを示している。

さらに、本研究の結果は、日本語の二重目的語構文について実験的検討を試みた Koizumi & Tamaoka (2004) の結果についても重要な可能性を示している。Koizumi & Tamaoka は「『見せる』タイプ」の動詞と「『渡す』タイプ」動詞の基本語順について実験を行った際に、名詞の有生性を視野に入れず、全て有生名詞を使用していた。しかし、本研究では与格名詞の有生性を操作することで、処理の難易度が異なることがわかった。言語が異なるため、直接トルコ語の結果から日本語について言及することは妥当ではないと考えられるかもしれないが、日本語で名詞の有生性が重要であると指摘している酒井他 (2009) と照らし合わせると、様々な言語において二重目的語構文の語順について調べる際に名詞の有生性という要因を視野に入れる必要があることが窺える。

最後にトルコ語の文処理について示唆されたもう一つ重要な点について述べる。Gibson (1998) は、関係節や分裂文のように被修飾名詞とそれがもともとあった位置の間の線形的距離が増えると、記憶にかかる負荷が増大するため処理負荷が上昇すると述べている。Miyamoto & Takahashi (2004) は、日本語では与格名詞と対格名詞の距離が増えると処理負荷も上昇すると議論した。本研究では、与格名詞と対格名詞の距離を操作した場合でも、距離によって処理負荷の難易度が異ならないことがわかった。Miyamoto & Takahashi

(2004) が行った実験では、「ウェイトレスはコックを「道具が置かれている倉庫で」レジ係に紹介した」のように与格名詞と対格名詞の間に関係節が埋め込まれていた。本研究では、「議員が町を「選挙の前に」県知事に紹介した」のように与格名詞と対格名詞の間に副詞節が埋め込まれていた。日本語では、主節の中にさらに関係節の埋め込み節をつくらなければならなかった。そのため、記憶にかかる負荷が増大し、これによって文の処理負荷が上昇したと考えられる。これに対して、トルコ語では関係節のように新たな埋め込み節をつくる必要はなかった。つまり、関係節と違って副詞節をそのまま主節の中に入れるだけで文処理が行われたと言える。従って、トルコ語では記憶にかかる負荷が増大せず、文の処理負荷が上昇しなかったと考えられる。

また、トルコ語や日本語、韓国語における関係節の処理過程について調べた先行研究では、既に Gibson (1998) が想定しているような線形的距離は関係節処理の難易に関与しないと指摘されている（トルコ語 : Kahraman et al., 2010; 日本語 : Ueno & Garnsey, 2008; 韓国語 : Kwon et al., 2010）。これらの先行研究と今回の実験結果を照らし合わせれば、SOV 型言語では線形的距離が関係節のみならず、かき混ぜ文のように他の種類の文の場合でも文処理の難易度を決める決定的な要因ではないと言える。また、Miyamoto & Takahashi (2004) の「与格名詞と対格名詞の間の線形的距離がかき混ぜ文の処理の難易度に関与する」という実験結果を視野に入れれば、SOV 型言語において線形的距離は、記憶にかかる負荷が一定の水準まで増大しない限り、文処理の難易度に関与しない可能性があると考えられる。今後、SOV 型言語では線形的距離の影響について明らかにするために、記憶にかかる負荷がどこまで増大すれば文処理が困難になるかを厳密に調べていく必要があると言える。

5. おわりに

本研究の目的は、実験的手法を用いて、トルコ語における二重目的語構文の基本語順に関する二つの仮説の有効性について心理言語学的観点から検証し、一つの証拠を示すことにあった。二つの自己ペース読文実験の結果、与格名詞が「所有者」を表す有生名詞である場合は「主格名詞・与格名詞・対格名詞・動詞」の語順の方が「主格名詞・対格名詞・与格名詞・動詞」の語順より処理し易いことがわかった。これに対して、与格名詞が「場所」を表す無生名詞である場合は「主格名詞・対格名詞・与格名詞・動詞」の語順の方が「主格名詞・与格名詞・対格名詞・動詞」の語順より処理し易いことがわかった。これらの実験結果は、「トルコ語で二重目的語構文の基本語順は、与格名詞が「所有者」を表すか「場所」を表すかによって異なる」と主張した Öztürk (2004) の分析を支持するものである。また、本研究で示唆されたことを以下の3点にまとめる。

1. トルコ語では、二重目的語構文の基本語順が二つ存在し、それは与格名詞が有生名詞であるか無生名詞であるかによって異なり得る。
2. トルコ語で二重目的語構文を構成する名詞の有生性は語順及び文処理の難易度に関与している可能性が高い。
3. 理論言語学及び心理言語学的研究において語順について検討する際に、名詞の有生性を視野に入れる必要がある。

本研究では、トルコ語における二重目的語構文の処理について理解の観点のみから検討してきた。このような構文の処理過程についてより深く知るためには、理解に加えて産出、コーパス分析など様々な観点を取り入れた更なる検討が必要である。これらについては今後の課題とする。

参照文献

中條和光（1983）「日本語単文の理解過程―文理解ストラテジーの相互関係―」『心理学研究』54(4): 250–256.

Clahsen, Herald and Sam Featherston (1999) Antecedent priming at trace positions: Evidence from German scrambling. *Journal of Psycholinguistic Research* 28: 415–437.

Ferreira, Fernanda and Charles Jr. Clifton (1986) The independence of syntactic processing. *Journal of Memory and Language* 25: 348–368.

Gibson, Edward (1998) Linguistic complexity: Locality of syntactic dependencies. *Cognition* 68: 1–76.

Göksel, Aslı and Celia Kerslake (2005) *Turkish: A comprehensive grammar.* London: Routledge.

郡司隆男・坂本勉（1998）『言語学の方法―現代言語学入門 1 ―』東京：岩波書店.

Hoji, Hori (1985) *Logical form constraints and configurational structures in Japanese.* Unpublished doctoral dissertation, University of Washington.

Ito, Atsushi (2007) Argument structure of Japanese ditransitives. *Nanzan Linguistics* Special Issue 3: 127–150.

Just, Marcel A., Patricia A. Carpenter and Jacqueline D. Woolley (1982) Paradigms and process in reading comprehension. *Journal of Experimental Psychologhy*: 111, 228–238.

Kahraman, Barış, Atsushi Sato and Hiromu Sakai (2010) Processing two types of ditransitive sentences in Turkish: Preliminary results from a self-paced reading study. *IEICE Technical Report* 110: 37–42.

Kahraman, Barış, Atsushi Sato, Hajime Ono and Hiromu Sakai (2010) Relative clauses processing before the head noun: Evidence for strong forward prediction in Turkish. In: Hiroki Maezawa and Azusa Yokogoshi (Eds.), *Proceedings of the 6th Workshop on Altaic Formal Linguistics (WAFL6)*, 155–170. *MIT Working Papers in Linguistics* 61, Cambridge, MA: MIT Press.

Koizumi, Masatoshi and Katsuo Tamaoka (2004) Cognitive processing of Japanese sentences with ditransitive verbs. *Gengo Kenkyu* 125: 173–190.

Kornfilt, Jacklin (1997) *Turkish.* London: Routledge.

Kornfilt, Jacklin (2003) Scrambling, subscrambling, and case in Turkish In: Simin Karimi (ed.) *Word order and scrambling*, 125–155. Malden, MA: Blackwell Publishing.

Koso, Ayumi, Takahiro Soshi and Hiroko Hagiwara (2007) Event-related brain potentials associated with scrambled Japanese ditransitive sentences. In: Tsutomu Sakamoto (ed.) *Communicating skills of intention*, 337–352. Tokyo: Hituji Syobo.

Kural, Murat (1992) Properties of scrambling in Turkish. Unpublished manuscript, UCLA.

栗林裕（2009）『チュルク語南西グループの構造と記述』Contributions to the Studies of Eurasian Languages (CSEL) Series 16. 福岡：九州大学.

Kwon, Nayoung, Yoonhyoung Lee, Peter C. Gordon, Robert Kluender, and Maria Polinsky (2010) Cognitive and linguistic factors affecting subject/object asymmetry: An eye-tracking study of pronominal relative clauses in Korean. *Language* 86: 546–

582.
Matsuoka, Mikinari (2003) Two types of ditransitive constructions in Japanese. *Journal of East Asian Linguistics* 12: 171–203.
Miyagawa, Shigeru (1997) Against optional scrambling. *Linguistic Inquiry* 28: 1–25.
Miyagawa, Shigeru and Takae Tsujioka (2004) Argument structure and ditransitive verbs in Japanese. *Journal of East Asian Linguistics* 13: 1–38.
Miyamoto, Edson T. and Shoichi Takahashi (2004) Filler-gap dependencies in the processing of scrambling in Japanese. *Language and Linguistics* 5: 153–166.
Miyamoto, Edson T. and Michiko Nakamura (2005) Unscrambling some misconceptions: A comment on Koizumi and Tamaoka (2004) *Gengo Kenkyu* 128: 113–129.
Öztürk, Balkız (2004) *Case, referentiality and phrase structure*. PhD dissertation. Harvard University.
Ross, John R. (1986) *Infinite syntax!*. Norwood, NJ: Ablex.
酒井弘・濱田香・チュウロザリン・龍盛艶・鄧瑩・小野創・入戸野宏（2009）「三項述語文における語順交替に名詞句の有生性と述語タイプの及ぼす影響―事象関連電位による探求―」『電子情報通信学会信学技報』109(140): 63–66.
Sekerina, Irina A. (2003) Scrambling and processing: Dependencies, complexity, and constraints. In: Simin Karimi (ed.) *Word order and scrambling*, 301–324. Malden, MA: Blackwell Publishing.
Tamaoka, Katsuo, Hiromu Sakai, Jun-ichiro Kawahara and Yayoi Miyaoka (2003) The effects of phrase-length order and scrambling in the processing of visually presented Japanese sentences. *Journal of Psycholinguistic Research* 32: 431–454.
Tamaoka, Katsuo, Hiromu Sakai, Jun-ichiro Kawahara, Yayoi Miyaoka, Hyunjung Lim and Masatoshi Koizumi (2005) Priority information used for the processing of Japanese sentences: Thematic roles, case particles or grammatical functions? *Journal of Psycholinguistic Research* 34: 273–324.
Ueno, Mieko, and Suzan M. Garnsey (2008) An ERP study of subject and object relative clauses in Japanese. *Language and Cognitive Process* 23: 646–688.
Underhill, Robert (1972) Turkish participles. *Linguistic Inquiry* 3: 87–99.

執筆者略歴

吉村大樹（よしむら・たいき）

1977年生まれ．大阪大学世界言語研究センター特任助教，京都府立大学共同研究員．専門は言語学・チュルク語学．大阪外国語大学地域文化学科（トルコ語専攻）卒，同大学大学院言語社会研究科国際言語社会専攻（国際コース）修了，神戸市外国語大学大学院博士課程単位取得退学．

□主な著（編）書・論文：'On the order of the TAM marker, the question particle *mI* and the personal suffix in Turkish'.『神戸外大論叢』第56巻2号，「トルコ語の属格名詞の独立性についての考察―Word Grammarによる分析―」(2008)『KLS』第28巻，『トルコ語のしくみ』(単著，2009a，白水社)，「ウズベク語の疑問接語 mi の文法的振る舞いについて― Word Grammarによる分析―」(2009b)『大阪大学世界言語研究センター論集』第1巻，'The 'Errant' Scope of Question in Turkish: A Word Grammar Account'. (2011) In Kim Gerdes, Eva Hajicova, Leo Wanner (eds.) *Depling 2011 Proceedings*.

栗林裕（くりばやし・ゆう）

1961年生まれ．岡山大学大学院社会文化科学研究科教授．専門は言語学・チュルク諸語．岡山大学文学部（言語学専攻）卒業，1988年～1990年　昭和63年度アジア諸国等派遣留学生トルコ・ボアジチ大学（文部省派遣），神戸大学大学院文化学研究科博士課程単位取得退学，（博士（文学））．2008年～2009年スウェーデン・ウプサラ大学客員研究員（文部科学省派遣）．

□主な著書・論文：'Accusative marking and Noun-Verb constructions in Turkish'『言語研究』95号（1989，日本言語学会）．'Dative marking in Gagauz' *Studies on Turkish and Turkic Languages*. (2000, Harrassowitz Verlag), 'Contact induced changes in southwestern Turkic' *Essays on Turkish Linguistics*. (2010, Harrassowitz Verlag), 'Turkological studies in Japan—Past and Present—' *3. Uluslararası Türkiyat Araştırmaları Sempozyumu*. (2011, Türk Dil Kurumu).『自動詞・他動詞の対照』(共著，2010，くろしお出版)『チュルク語南西グループの構造と記述―トルコ語の語形成と周辺言語の言語接触―』(単著，2010，くろしお出版）など．

大﨑紀子（おおさき・のりこ）

1961年生まれ．京都大学大学院文学研究科附属ユーラシア文化研究センター研究員．京都大学・大阪大学非常勤講師．専門は，言語学，チュルク語学，中期モンゴル語学．京都大学法学部卒，京都大学大学院文学研究科修士課程修了，同博士課程修了．博士（文学）．

□主な論文：「チュルク語・モンゴル語の使役と受動の研究―キルギス語と中期モンゴル語を中心として―」(2006）京都大学博士論文，「『元朝秘史』にみられる受動文―日本語の受動文と対比する観点から―」(2006）庄垣内正弘先生退任記念論集『ユーラシア諸言語の研究』「ユーラシア諸言語の研究」刊行会，'The functions of reflexive verbs in the Kyrgyz language used in the Manas Epos' (2008) *Dynamics in Eurasian Languages*, Contribution to the Studies of Eurasian Languages series Vol. 14, 'Passive Agent Markers in the Kyrgyz Language' (2009) Contribution to the Studies of Eurasian Languages series Vol. 15.

TEKMEN Ayşe Nur （テキメン，アイシェヌール）

1972年生まれ．アンカラ大学言語歴史地理学部日本語日本文学科長・教授．1993年同大学日本語日本文学科卒業，1997年同大学大学院修士課程修了，2002年同博士課程修了（文学博士）．2004年アンカラ大学言語歴史地理学部日本語日本文学科准助教授，2006年同准教授，2011年より現職．専門は認知言語学，ポライトネス，日本語教育，トルコ語日本語対照研究．

□主な著書・編著・論文：「トルコ語の敬語動詞についての基礎的研究」『東京大学言語学論集〈19〉』2000年，『ことたびトルコ語』（杉山剛氏との共著）2002年（白水社），「外国人からみた敬語」『朝倉日本語講座〈8〉』2003年（北原保雄監修，菊地康人編，朝倉書店），『Japonca Dilbilgisi（日本語文法）』2005年（エンギン出版），「やりもらい動詞と視点」『東京大学言語学論集〈24〉』2005年，「「ナル表現」再考―膠着語における事態の〈主観的把握〉の観点から―」『日本認知言語学会論文集〈10〉』（池上嘉彦・守屋三千代　共著）2010年，他．

ÖZBEK Aydın（オズベッキ，アイドゥン）

1976年生まれ．トルコ・チャナッカレ・オンセキズ・マルト大学助教授，同大学外国語教育・応用言語学センター局長．専門は言語学・対照言語学・日本語教育．チャナッカレ・オンセキズ・マルト大学（日本語教育学科）卒，岡山大学社会文化科学研究科（言語情報論）修了，同大学社会文化科学研究科（社会文化論）博士号取得.
□主な著（編）書・論文："On Çek—as a Light Verb: A Contrastive View from Japanese" (2010) *Journal of Language and Linguistic Studies* 6–1, "On the Turkish verb *ol-* as an Intransitive Marker" (2009) *Journal of Humanities and Social Sciences* Vol. 27, Okayama University Press. Japan (Paper published in Japanese), "Support verb constructions in Turkish" (2008) *Annals of Japan Association for Middle East Studies* 24.

江畑冬生（えばた・ふゆき）

1977年生まれ．日本学術振興会特別研究員（東京外国語大学アジア・アフリカ言語文化研究所）．専門は言語学．東京大学文学部卒（言語学専門分野），同大学大学院人文社会系研究科博士課程単位取得退学．
□主な著書・論文：『サハ語文法』（Popova Nadezhdaとの共著，2006，東京外国語大学アジア・アフリカ言語文化研究所），'Object Case-marking in Yakut (Sakha).' (2008) Kurebito Tokusu (ed.) *Linguistic Typology of the North*. 1,「サハ語の世界」（2009）中川裕編『ニューエクスプレス・スペシャル　日本語の隣人たち』，'Syntactic derivation and nominalization/verbalization in Sakha (Yakut)' (2011) Kurebito Tokusu (ed.) *Linguistic Typology of the North*. 2.

佐藤久美子（さとう・くみこ）

1979年生まれ．長崎外国語大学外国語学部国際コミュニケーション学科講師．博士（文学）．専門は言語学，音韻論．大東文化大学外国語学部日本語学科卒，九州大学人文科学府言語学専攻修了，同大学大学院博士課程単位取得退学．
□主な論文：「トルコ語のyes/no疑問文におけるピッチ付与規則」（2008）『言語の研究—ユーラシア諸言語からの視座—』，"The relation between prosody and focus in yes/no question of Turkish". (2009a) In *Essays on Turkish linguistic*，「トルコ語における疑問詞を含む文のピッチパターン—フォーカスの関わる韻律範疇の形成—」(2009b)『九州大学言語学論集』第30号，「トルコ語における名詞のアクセントの実現について」（2009c）『チュルク諸語における固有と外来に関する総合的調査研究』．

KAHRAMAN Barış（カフラマン，バルシュ）

1978年生まれ．チャナッカレ・オンセキズ・マルト大学教育学部日本語教育学科研究助手．専門は心理言語学・第2言語としての日本語教育．チャナッカレ・オンセキズ・マルト大学教育学部日本語教育学科研卒，広島大学大学院教育学言語文化教育学専攻修了，同大学大学院教育学研究科文化教育開発専攻修了（博士（学術））．

□主な論文：'Incremental processing of gap-filler dependencies: Evidence from the processing of subject and object clefts in Japanese.' (2011) In Y. Otsu (ed.), *The Proceedings of the Twelfth Tokyo Conference on Psycholinguistics* (TCP 2011), Tokyo: Hituzi Syobo Publishing（共著：Atsushi Sato, Hajime Ono & Hiromu Sakai），「トルコ語における「空所と埋語の依存関係」の逐次的処理—主語関係節と目的語関係節の処理の非対称性に基づいて—」(2010)『広島大学大学院教育額研究科紀要』59号第二部, 'Relative clauses processing before the head noun: Evidence for strong forward prediction in Turkish.' (2010) In H. Maezawa and A. Yokogoshi (eds.), *Proceedings of Sixth Workshop on Altaic Formal Linguistics* (WAFL6), MIT Working Papers in Linguistics 61 Cambridge, MA: MITWPL（共著：Atsushi Sato, Hajime Ono & Hiromu Sakai），'The use of request expressions by Turkish learners of Japanese' (2007) *Journal of Theory and Practice in Education*, vol. 3（共著：Derya Akkuş）.

チュルク諸語研究のスコープ

2012年3月1日　発　行

編集者　吉　村　大　樹
発行者　大阪大学世界言語研究センター
「地政学的研究」プロジェクト
発行所　㈱　渓　水　社
広島市中区小町1-4（〒730-0041）
電話（082）246-7909／Fax（082）246-7876
E-mail：info@keisui.co.jp

ISBN978-4-86327-169-2　C3087